MALI BOGOWIE 2

Projekt okładki
FRYCZ I WICHA

Korekta
Agnieszka Gzylewska

Skład
Tomasz Erbel

Wydawca
Czerwone i Czarne Sp. k.
ul. Walecznych 39/5
03-916 Warszawa

Druk i oprawa
Toruńskie Zakłady Graficzne
„Zapolex" Sp. z o.o.
ul. gen. Sowińskiego 2/4
87-100 Toruń

Wyłączny dystrybutor
Firma Księgarska Olesiejuk Sp. z o.o. sp. j.
ul. Poznańska 91
05-850 Ożarów Mazowiecki
www.olesiejuk.pl

ISBN 978-83-7700-318-3

Warszawa 2018

Książkę wydrukowano na papierze Creamy 80 g
dostarczonym przez Zing Sp. z o.o.
www.zing.com.pl

MALI BOGOWIE 2
Jak umierają Polacy

Paweł Reszka

Warszawa 2018

* * *

Mieliśmy ratować życie. Tymczasem wyrzuty sumienia nakazują nam poprawiać niedorozwinięty system. Poprawiamy, jak potrafimy. Samotnym starszym paniom, które notorycznie wzywają pogotowie, dajemy chwilę ciepła i rozmowy. Nigdy ich nie straszymy tym, że następnym razem wezwiemy policję i każemy wystawiać mandat za „nieuzasadnione wezwanie".

Działamy znacznie subtelniej. „Naszym" babciom aplikujemy hydroksyzynę na uspokojenie i sen wraz z furosemidem na sikanie. Babcie zasypiają pięknie. Śnią przez wiele godzin. Ich pokryte zmarszczkami, zmęczone ciała odpoczywają od smutnej codzienności. W końcu się budzą. Są całe obsikane. Przez cały dzień będą miały robotę: zdjąć pościel, uprać, założyć nową, potem suszenie, prasowanie. Wymęczą się, zapomną o samotności, nie zadzwonią na pogotowie. A my będziemy mogli zająć się ratowaniem życia.

Fragment rozmowy
z ratownikiem medycznym

Wstęp

Po napisaniu książki *Mali bogowie. O znieczulicy polskich lekarzy* i po moich tekstach publikowanych w gazetach zacząłem dostawać listy. Pisali lekarze, ratownicy, pielęgniarki. To te listy sprawiły, że zacząłem jeździć z pogotowiem ratunkowym. Uważałem, że historia o chorobie polskiej ochrony zdrowia jest ciągle do opowiedzenia.

Lekarze przebrali mnie w biały fartuch i wpuścili na szpitalny oddział ratunkowy. Ratownicy zaufali, że ich nie wydam. Dali mi pomarańczowe ciuchy. Przyjęli do zespołu.

Wchodziłem do domów i mieszkań. Starsi ludzie, zapomniani przez dzieci i wnuki, umierali na moich oczach w pustych czterech ścianach. Albo wśród rodziny, która zdążyła ich znienawidzić.

Bliscy wcale nie kryli, że zrobią wszystko, by się pozbyć kłopotliwego balastu. Bo idą święta i przydałoby się miejsce do spania dla gości. Albo chcemy jechać na wycieczkę do Grecji i trzeba szybko „sprzedać" swojego staruszka. Prosili nas wprost:

– Weźcie babcię.

– Ale babcia umiera, może lepiej, by odeszła w gronie rodziny.

To ich irytowało:

– Ależ zabierzcie ją do szpitala! Płacimy składki, wymagamy!

Jeździliśmy do pensjonariuszy domów opieki społecznej – cuchnęli kałem i uryną. Dla obsługi byli tylko zajętym łóżkiem. Dla rodzin wyrzutem sumienia, przytłumionym comiesięczną wpłatą.

Widziałem ludzi, którzy zupełnie wymknęli się systemowi: niepełnosprawni umysłowo, biedni, nękani chorobą alkoholową. Mieszkali w nieogrzewanych szopach, spali na klepisku. Nie przypuszczałem, że w Polsce jest tyle brudu, nędzy, robaków.

Udary, zatrzymania krążenia, wypadki drogowe. Z zespołem zbieraliśmy z ulicy pijaków w delirce, narkomanów na głodzie. Niektórzy byli agresywni, chcieli bić nas albo swoją rodzinę. Niektórzy potem bardzo tego żałowali.

W naszym ambulansie nie zawsze byliśmy aniołami. Nie wiem, czy to dobrze, czy źle. Wiem, że tak było.

Ratowaliśmy życie, pocieszaliśmy bliskich. Patrzyliśmy na śmierć, której nie mogliśmy zapobiec.

Mogłem zobaczyć, na co choruje nasze społeczeństwo i na co choruje system, który ma leczyć.

Na książkę składają się notatki z moich dyżurów w karetce. Opowieści o tym, co widziałem na szpitalnych oddziałach ratunkowych. Zapiski rozmów z ratownikami medycznymi i lekarzami – od początkujących rezydentów do doświadczonych ordynatorów. Opisuję też to, co usłyszałem, gdy jako reporter towarzyszyłem młodym lekarzom w czasie protestu głodowego.

Opowieść jest kontynuacją *Małych bogów*. Tamta była „o znieczulicy" lekarzy. Wówczas, żeby zrozumieć, skąd się ona bierze, zatrudniłem się w jednym z dużych polskich szpitali na posadzie sanitariusza.

Chciałem poczuć działanie systemu na własnej skórze. Zdarzyło się to zaskakująco szybko.

„Toczę wózek, ledwie idzie, bo opony prawie bez powietrza – zanotowałem w dzienniku sanitariusza. – Pacjent coś do mnie mówi, ale już nie słyszę co. Boli mnie krzyż. Zastanawiam się, kiedy minie mi empatia. To znaczy, kiedy zrobię coś takiego, czego nie zrobiłbym wcześniej. Coś takiego, za co będzie mi wstyd. Kiedy przyjdzie ten moment, że stanę się częścią systemu.

– Chodź!

– Co?

– Chodź, pomóż nam.

– Ja?

– No, k... ty!

Nie chce mi się, boli mnie krzyż. Ale M. i K. stoją we dwóch przed rezonansem. Nie wypada ich olać.

– Poczeka pan chwilę? Pomogę kolegom – nie pytam, ale oświadczam pacjentowi.

Kiwa głową na „tak", w sumie chyba nie ma wyjścia. Co on może? Powie, że się nie zgadza? Podchodzę do chłopaków. Na łóżku mają pacjenta. Starszy gość. Podbite oko, siny bok, jęczy z bólu.

Widać, że z wypadku.

– Co mu?

– Co mnie to obchodzi. Lepiej zobacz, jaki wielki. – Odsłania kołdrę. Pod kołdrą wielki brzuch. Całość dobrze ponad 150 kilogramów. Trzeba go przenieść, położyć na aparacie do rezonansu.

– Kloc!

– Było się tak obżerać?

– Nie słyszy!

– Bo zamiast słuchać się obżerał.

– Jezu, nie damy rady!

– Jakoś musimy.
– We trzech takiego słonia. Nie damy rady. Słoniu!!!
– Jak go przeniesiemy?
– Na prześcieradle.
Pomoże pan?
Technik lituje się i pomaga.
– Raz, dwa, trzy!
– Aaaaaaa!
Pacjent ożywa. Krzyczy. Głowa mu wpada między łóżko a leżankę tomografu.
– Jeszcze trochę! – Dopychamy jak możemy – kolana, brzuchy, łokcie.
– Aaaaaaa!
– Nie krzycz, człowieku!
– Dobra.
Wychodzimy. Czekamy. Technik woła. Wchodzimy.
– No to przerzucamy.
– No.
– Na trzy?
– Kurwa, kręgosłup mi pęknie.
– Kurwa mać.
– Raz... dwa... trzy...
– Aaaaaaa!
– Nie krzycz!
– Ja pierdolę.
– Trzymaj głowę.
– Aaaaaaa!
– Podnieś barierkę.
– Aaaaaaa!
– Nie, nie, została ręka!
– Co?
– Miażdżysz mu rękę!
– Aaa, rączka została, no dobra, jest!

– Ja pierdolę.

– No!

– Cały jestem mokry.

Patrzymy po sobie. M. podchodzi do pacjenta. Głaszcze po głowie, poprawia mu kołdrę jak dziecku, pod samą szyjkę. Delikatnie klepie po policzku.

– I co, pączusiu?

Wybuchamy śmiechem. Wszyscy. Nie potrafię się powstrzymać".

W tym miejscu skończyła się książka o „Małych bogach" i był to też początek zbierania materiałów do kolejnej reporterskiej historii.

Tym razem chciałem zobaczyć, jak to jest, gdy o losie człowieka decydują sekundy. Jakie to uczucie zawrócić kogoś z drogi na tamten świat? Jak to jest ponieść porażkę? Czy twarze ludzi, których nie udało się uratować, śnią się? Czy idą z nami do domu? Czy można się do nich „przyzwyczaić"?

Chciałem „zajrzeć do sklepu ze śmiercią". Odpowiedzieć na pytanie, po co oni to robią. Przecież w pogotowiu czy na SOR-ze płacą psie pieniądze. Zastanowić się, jak taka praca zmienia człowieka. I jak wygląda świat przez okna ambulansu.

Wiedziałem, że tym razem będzie inaczej, trudniej. W szpitalu mogłem zatrudnić się, przychodząc z ulicy, powołując się na ogłoszenie. Budowanie nowej tożsamości nie wymagało żadnych szalbierstw, które mogłyby mnie narazić na przykład na konflikt z prawem. Tym razem sytuacja była inna. Nie mogłem zatrudnić się w pogotowiu. Żeby tu pracować, trzeba być lekarzem albo ratownikiem medycznym (co wymaga trzech lat studiów medycznych), albo sprawdzonym kierowcą.

Bez fałszerstwa nie mógłbym więc dostać się do tej pracy. Zrobiłem inaczej. Dotarłem do ratowników medycznych, których poprosiłem, by przyjęli mnie do zespołu. Obiecałem im anonimowość w zamian za to, że będę mógł patrzeć na ich pracę z bliska, pomagać im.

Zgodzili się. Atutem, który przemówił za mną, byli *Mali bogowie*. Książka w sumie brutalna, ale prawdziwa.

I tak wraz z zespołem jeździliśmy ratować ludzi.

Chyba tylko reporter ma takie możliwości. Fachowo ten gatunek dziennikarski nazywa się reportażem wcieleniowym. Ma długie tradycje. W Polsce kiedyś Janusz Rolicki zatrudniał się na budowach, w Niemczech Günter Wallraff był alkoholikiem i gastarbeiterem. John Howard Griffin, by w 1959 roku napisać książkę *Czarny jak ja*, zmienił farmakologicznie kolor skóry i ruszył w podróż przez Amerykę.

Dla mnie to było reporterskie wyzwanie. Ale koledzy z zespołu ratowniczego ryzykowali bardzo dużo. Gdyby ktoś się dowiedział, że byłem z nimi, straciliby robotę. Dziękuję im za zaufanie, za odwagę i za to, że nie udawali. Dzięki zespołowi mogłem poczuć pod własnymi rękami, jak cienka jest granica między życiem a śmiercią.

Żeby ochronić mój zespół, musiałem zmienić imiona bohaterów i wiele szczegółów. Ale wszystko, co opisałem, zdarzyło się naprawdę.

CZĘŚĆ I

KARETKA

Rozdział I

Zespół

* * *

Każdy ambulans „operuje” w swoim rejonie. Po jakimś czasie w głowach ratowników tworzy się szczególna mapa. Tu mieszka „pacjent onkologiczny”. W tym domu jest przemoc...

Mówi Marcin, ratownik: – A tu na zakręcie, pamiętacie?

Trudno nie pamiętać. Volkswagen passat (kierowca lat 21), jadąc z nadmierną prędkością („Leciał stówą, nie ma bata”), uderzył w kierującego motorynką (chłopiec lat 14).

Marcin: – I tak go rąbnął, że chłopiec głową wpadł w dach auta. I jakoś tak, że dach mu tę głowę odciął. Policja. Pogotowie. Ale wiele się nie narobi. Można było pozbierać ciało tego dzieciaka do worka. Bo co więcej?

Chłopiec mieszkał niedaleko tego zakrętu. To będzie... o, ten dom... Wypadek! Wypadek! Wypadek! Ludzie się szybko zorientowali, że to ktoś z ich wsi. My coś tam wypełniamy, gadamy z policją.

Ojciec chłopca jakoś się przemknął, podkradł. Od razu do worka. Rozpina go. Widzi ubranie, widzi, że syn. Bierze ciało tego dzieciaka, idzie z nim do domu. I jeszcze z nim rozmawia:

– Tak, synku, idziemy, synku, do domu, synku...

– Panie, syn zginął!

– Jak zginął? Nic, kurwa, nie zginął, idziemy do domu! Do widzenia.

– Ty, Marcin – przerywam opowieść.

– No?

– Ale on tak z tym ciałem bez głowy łaził?

– Bez głowy, bez nogi i bez ręki. Bo ten passat konkretnie uderzył dzieciaka. Chłopiec leciał razem z motorynką i zrobiła się miazga. Można powiedzieć, że się rozpadł. Powstał problem, bo ten pan nie chciał uwierzyć, że syn nie żyje. Nie chciał też oddać nam jego ciała. Po prostu szedł. A myśmy go przecież nie mogli wypuścić. Bo jak? Odszedł z trupem z miejsca zdarzenia? No, a z drugiej strony, jak tu się bić z ojcem, który właśnie stracił synka. I właśnie od tego zwariował. A na dodatek jest silnym facetem.

No więc najpierw pan tata pobił nas, czyli zespół ratowniczy. Potem wrąbał policjantom. W końcu rzuciliśmy się na niego razem. Oni go trzymali, a ja mu pakowałem w dupę zastrzyki uspokajające. I tak prawie nam zasnął na rękach. Odprowadziliśmy go do domu. A tam matka... Zazwyczaj to się przeciąga na cały dzień. Bo jak ginie dziecko, to my już do wieczora jeździmy do tego domu. Ojciec zwariował – trzeba go wywieźć do psychiatryka. Matka zasłabła – trzeba ratować. Babcia umarła, trzeba obejrzeć, dzwonić po doktora, żeby stwierdził zgon. Nie ma fachowej opieki psychologicznej nad rodzinami ofiar wypadków. No więc jeździmy my i zbieramy ich tak pojedynczo. Bo co możemy? Współczuć? My nie jesteśmy od tego.

– A od czego?

– Mamy założyć wenflony, podać sole, adrenalinę, morfinę. Strzelić defibrylatorem, szybko, profesjonalnie. A potem jechać do następnego klienta, żeby mu uratować życie. Za to nam płacą.

– Jak znosisz takie akcje?

– Chyba jesteś pierwszą osobą, która o to pyta. Systemu to nie interesuje. Ważne, żebyśmy następnego dnia nie spóźnili się do pracy. Więc jakoś sobie radzimy.

– Jak?

– No, każdy sam sobie radzi.

NOTATKA Z AMBULANSU

Marcin powiedział to nagle i zupełnie do nikogo, w zasadzie wyrzucił w powietrze dwa słowa:

– Będzie żył!

Marcin to nasz szef. Brunet, lekka nadwaga. Ubrany w pomarańczowy kombinezon. Co robi teraz? Klęczy na dywanie, ratuje człowieka. Obok, w kucki, siedzi Rafałek, jasnowłosy, przystojny. Wyrzuca pustą ampułkę po adrenalinie.

Na podłodze pacjent zupełnie bez życia, myślę o nim „Sztywny". Ręce rozrzucone. Ubrany w granatowe gacie, na których widać powiększającą się plamkę po moczu.

Marcin mówi cicho, głosem zmęczonego człowieka. Po pierwsze, ciągnie kolejny dyżur. Po drugie, ratowanie człowieka to ciężka praca w sensie fizycznym. Stawy bolą od uciskania klatki, kolana od tych przyklęków, kręgosłup od biegania ze sprzętem. Ruchy, słowa, wszystko trzeba ważyć. Jak będziesz rozrzutny, to w końcu padniesz.

Marcin nie pamięta, który to dyżur z rzędu. Od tych dyżurów jest zmarnowany, przez co mruczy pod nosem, bo zazwyczaj brzmi dźwięcznie, donośnie, trochę teatralnie.

– Przepraszam, ale co pan mówi? – To ona, żona „Sztywnego".

Stoi na schodach w półmroku, zupełnie bez ruchu, jakby była tylko cieniem. Usta jej zadrżały, gdy powtórzyła głośniej: – Pan coś powiedział?

Do Marcina dotarło pytanie i nie przerywając ratowania, przełączył się na tryb donośny, teatralny:

– Że mąż będzie żył! – brzmiał, jakby się chciał tym pochwalić.

Bo przecież zanim nasz ambulans (czyli „kareta") tu zajechał, zanim zespół wniósł cały sprzęt, to małżonek był zupełnie zimnym trupem. A teraz powoli wracał z zaświatów. I to jest coś!

Ona w milczeniu patrzyła na pole naszej zwycięskiej bitwy. W centralnym punkcie mąż. Rura intubacyjna w przełyku, elektrody od EKG na piersi pokrytej siwym zarostem i więziennymi dziarami. Wokoło: respirator, defibrylator, lucas do mechanicznego uciskania klatki – wszystko rozbebeszone. Trzeci krąg medycznej śmierci.

Jej oczy zrobiły się szklane. Ale po chwili dotarło do jej świadomości znaczenie tego, co mówi Marcin.

– Uratowaliście go?

– No! – Marin był jakby dumny, choć dumy okazywać nie wypada („jesteśmy twardzi!"). To nie kolejna „grypka-anginka", nie „narkomanka wariatka", nie „alzheimer-babcia", którą trzeba wywieźć do szpitala, żeby nie przeszkadzała w świątecznym przyjęciu, jak zjadą się goście z dalszej rodziny.

To było coś realnego. Przywrócenie krążenia, oddechu, czyli zwrócenie życia.

– Co „no"? – zapytała ona – jakie „no"? Kto was prosił? Jak się przewrócił, spadł z tych schodów, to myślałam, że się uwolniłam od tego skurwysyna na zawsze.

Ładowaliśmy pacjenta na nosze. Zaczęła łkać.

Kiedy zabieraliśmy „Sztywnego", trzeba było jeszcze posprzątać. Bo niezależnie od tego, czy człowiek przeżył, czy nie, zespół ma obowiązek posprzątać.

Zbieraliśmy igły, strzykawki, ampułki po adrenalinie, elektrody, plastry, opakowania po wenflonach – wśród płaczu.

* * *

Zespół ratowniczy się spisał. Mieliśmy szybki „dojazd". Nikt nie pomylił adresu. Akcja wyszła na „wzorowo". Pogotowie nie jest od filozofowania, tylko od ratowania.

Jesteśmy zespołem ratownictwa medycznego, częścią Państwowego Ratownictwa Medycznego, trybikiem ratującego życie systemu.

Jesteśmy powołani do „udzielania pomocy medycznej osobom w stanie nagłego zagrożenia zdrowotnego" poza szpitalem. Udary mózgu, ofiary wypadków drogowych, zawały serca – od tego powinniśmy być. Nasze zadanie polega na udzieleniu pomocy i przewiezieniu pacjenta gdzie trzeba – na najbliższy szpitalny oddział ratunkowy albo do szpitala wskazanego przez dyspozytora.

Zespoły są różne. „S", czyli specjalistyczne, mówimy o nich z przekąsem „lepsze". Składają się przynajmniej z trzech osób, a jedna z nich obowiązkowo jest lekarzem. Jeśli widzicie ambulans z literką „S", to znaczy, że na pokładzie jest pani albo pan doktor.

Są też zespoły „P" – podstawowe. Składają się przynajmniej z dwóch, częściej trzech osób. Najczęściej to ratownicy medyczni plus kierowca.

Są jeszcze zespoły wodne, lotnicze (mówimy o nich „śmigła") oraz zespoły transportowe „T", czyli służące do rozwożenia wyleczonych po domach.

Nasz zespół to „P" – podstawowy. Występuje najczęściej. Nie mamy lekarza. Musimy oceniać stan pacjentów, łagodzić cierpienie we własnym zakresie.

J., ORDYNATOR DUŻEGO SOR-U W MIEŚCIE WOJEWÓDZKIM, JEDEN Z PIERWSZYCH LEKARZY MEDYCYNY RATUNKOWEJ, WIELE LAT JEŹDZIŁ W KARETKACH:

Wie pan, od czego zależy, czy do danego zdarzenia jeździ karetka „S", czy „P"? Od czasu dojazdu. Dyspozytor śle tę, która ma bliżej. W rezultacie „S" z lekarzem jedzie do jakiejś bzdury, a „P" do zatrzymania krążenia. To utwierdza niektórych ratowników w przekonaniu, że lekarze są niepotrzebni.

A jaki byłby ideał? Kiedy ratownicy już na miejscu stwierdzą, że jest źle, wtedy powinna jechać druga karetka – „S"?

Dokładnie tak. Plus gdy sprawa jest ewidentna, to dyspozytor może od razu wysłać karetkę specjalistyczną do sytuacji wymagającej lekarza. Tylko że żaden minister, żaden wiceminister, żadna grupa ekspertów nie ma odwagi wypracować kryteriów ustalających, do których wysyła się eskę, a do których nie wolno jej wysłać.

Dlaczego?

Bo zaraz ktoś zapyta, dlaczego lekarz nie pojechał. I wtedy zwala się na dyspozytora. Tylko że dyspozytor nie chce narażać tyłka i chroniąc się, wysyła do wszystkiego karetki „S" i „P" jak leci z kolejki. A cały system leży kołami do góry i kwiczy.

Liczba zespołów specjalistycznych („S") na przestrzeni ostatnich pięciu lat spadła z 615 w 2011 roku do 563 w 2016 roku – w wyniku przekwalifikowania na zespoły podstawowe („P"), złożone wyłącznie z ratowników medycznych i pielęgniarek systemu.

Ponad 70 procent specjalistów medycyny ratunkowej wykonuje obecnie swój zawód w zespołach ratownictwa medycznego, przy czym stanowią oni zaledwie 15,5 procent wszystkich lekarzy systemu zatrudnionych w tych zespołach. Pozostałe prawie 85 procent stanowią lekarze innych specjalności, w trakcie specjalizacji lub lekarze posiadający niezbędne doświadczenie w wykonywaniu zawodu w szpitalnym oddziale ratunkowym, zespole ratownictwa medycznego, lotniczym zespole ratownictwa medycznego lub izbie przyjęć szpitala. Oznacza to, że mamy coraz mniej lekarzy w karetkach pogotowia, a ci, którzy w nich jeżdżą, najczęściej nie są fachowcami od medycyny ratunkowej.

W planach Ministerstwa Zdrowia jest dopuszczenie do jeżdżenia w karetkach nie tylko lekarzy mających na co dzień do czynienia z przypadkami nagłymi, na przykład chirurgów i anestezjologów, lecz także neurologów czy na przykład urologów.

Źródło: „Gazeta Lekarska", listopad 2016.

WOJTEK, LEKARZ, WETERAN POGOTOWIA I SOR-U:

Jak jest między lekarzami a ratownikami?

To są skomplikowane relacje. Kiedyś w karetkach było inaczej: jeździli lekarz i pielęgniarka. Panie były po liceum, myśmy byli po studiach. Panie były od wykonywania naszych poleceń. Ale w tej chwili ratownicy czy pielęgniarki to są ludzie po wyższych studiach. Mam ogromny szacunek dla tych ludzi.

Ale relacje, mówi pan, są skomplikowane.

Pan doktor jest bogiem, to taki stereotyp. Ale przecież bardzo wielu lekarzy kompensuje sobie swoje kłopoty psychiczne i problemy byciem „panem doktorem", który rządzi wszystkimi. Nagle wchodzi ustawa o ratownictwie. I pojawia się grupa ludzi, którzy mają bardzo duże uprawnienia, duże możliwości, sami robią rzeczy, które kiedyś robili wyłącznie lekarze.

Szok!

Tak, zwłaszcza w pierwszym, przejściowym okresie. Niedawno ratownicy byli personelem pomocniczym.

Jacy są ratownicy?

Znam świetnych, genialnych ratowników, niejeden doktor mógłby się od nich uczyć. Ale znam też takich, że nie daj Boże, żeby do mnie przyjechali. Ludzka sprawa. Jeden szewc panu buty zrobi dobrze, a drugi spieprzy. Generalnie karetka i SOR to nie są poradnie, gdzie doktor sobie siedzi i przyjmuje. W karetce i w SOR-ze jest praca dla zespołu.

J., ORDYNATOR
DUŻEGO SOR-U:

Zaczął to profesor Juliusz Jakubaszko. Medycyna ratunkowa to młoda specjalizacja. Początek XXI wieku. I trzeba przyznać, że na początku z nas kpiono: „Co to za specjalizacja? Ratowanie życia? Ale konkretnie jaka specjalność? Bo każdy lekarz ratuje życie, nie?". Początki często są trudne. Jak pięćdziesiąt–sześćdziesiąt lat temu powstała anestezjologia, to chirurdzy też to kontestowali: „Po co mi anestezjolog? Sam wezmę eter i znieczulę". A dzisiaj? Nikt by nie pomyślał, żeby chirurg operował i jeszcze znieczulał. W medycynie ratunkowej na początku jeden uczył drugiego. Większość lekarzy, którzy zaczynali tę specjalizację, była szefami izb przyjęć, miała inne specjalizacje. Dostali tak zwaną krótką ścieżkę na zrobienie specjalności z medycyny ratunkowej. Teraz pracuje około 800–900 lekarzy specjalistów medycyny ratunkowej w karetkach i w oddziałach ratunkowych. A żeby zapełnić oddziały ratunkowe i karetki, powinno być ich co najmniej 2200–2300. To oznacza, że w samych karetkach tylko 15–20 procent obsady to lekarze medycyny ratunkowej.

A reszta?

Lekarze systemu, czyli innych specjalności. To taki bohomaz – miało to być rozwiązanie tymczasowe, ale prowizorka jak zwykle jest najtrwalsza. Działa na naszą niekorzyść, bo medycyna ratunkowa to jest interdyscyplinarna dziedzina medycyny, w której trzeba się płynnie poruszać, bo my musimy zrobić wszystko pacjentom urazowym, nieurazowym, kardiologicznym, dziecku, kobiecie w ciąży. Widział pan kardiologa, który opatrzył uraz, albo chirurga, który będzie leczył zawał?

Powiem panu tak: ratownik kształci się trzy lata, lekarz medycyny ratunkowej trzynaście lat. Ratownik, z całym szacunkiem dla tej profesji, działa przeważnie według algorytmu. Medycyny, zwłaszcza nagłych przypadków, nie da się ubrać w żaden algorytm.

Rządzący mają pomysł, by w ogóle wyrzucić lekarzy z karetek. I ma być to remedium na braki kadrowe. Mieliby ich zastąpić ratownicy. Wielu ratowników puka się w głowę, słysząc, że zostanie im odebrana możliwość wezwania lekarza. Ale jest też grupa, która uważa, że wie wszystko i że skoro lekarze wylecą, to oni dostaną więcej pieniędzy: „Jak nie będzie lekarza w karetce, to kasa ze stawek lekarskich pójdzie na nas". To jest oczywista bzdura. Bo nie chodzi o to, żeby wyrównać stawki, ale o to, żeby było tanio.

Pieniądze to jedno, ale czy ratownicy pana zdaniem sobie poradzą?

Sam ich kształcę. Uważam, że mniej więcej w 80 procentach zleceń wyjazdu ratownicy przygotowani są do samodzielnego działania, pod warunkiem że dobrze się wcześniej nauczyli. Będą poruszali się w pewnym algorytmie, w schemacie, ale dadzą radę.

A pozostałe 20 procent?

To wszystko, co wychodzi poza schemat. Medycyny ratunkowej, szczególnie stanów nagłych, nie da się zamknąć w standardach. To, co pozastandardowe, pozaalgorytmiczne wymaga włączenia procedur klinicznych medycyny ratunkowej już w warunkach przedszpitalnych, żeby pacjent w ogóle przeżył. I to jest zadanie dla lekarzy medycyny ratunkowej i wyłącznie lekarzy ratunkowych.

Poda pan przykład?

Pacjentka leży nad brzegiem rzeki. Przyjeżdżamy, przedzieramy się przez chaszcze. Obok dziewczyny leżą leki antydepresyjne. Najadła się tego, idąc w ustronne miejsce, ewidentnie chciała się zabić. To są leki śmiertelnie toksyczne w przypadku przedawkowania. Dzięki Bogu mamy esemesa, w którym określiła, kiedy to mniej więcej zażyła. Wiemy, że nie minęła jeszcze godzina, że możemy płukać żołądek.

Założyliśmy sondę do żołądka z cewnikiem do odsysania. Wcześniej pacjentka została zaintubowana, bo inaczej by się zachłysnęła tymi lekami. W lesie rozpoczęliśmy płukanie podczas przygotowywania chorej do transportu. Potem pacjentkę zapakowaliśmy do karetki, zaraz podpinamy płyny, podłączamy pod monitor, podajemy wodorowęglan sodu w odpowiednich dawkach. W karetce dalsze płukanie żołądka, poinformowaliśmy oddział ratunkowy w mieście powiatowym, że z całego szpitala mają ściągnąć cały węgiel aktywowany, jaki jest, roztłuc to, rozbełtać i naciągnąć do dwóch albo trzech wielkich strzykaw i czekać jak pies przed wejściem do szpitala. Bo my tylko podjeżdżamy, bierzemy strzykawy i jedziemy dalej, na toksykologię do województwa. Rzeczywiście na moment zatrzymaliśmy karetkę, wzięliśmy ten węgiel, podaliśmy go po zakończonym płukaniu żołądka.

Który ratownik to zrobi? Mógłbym mnożyć takie historie, nic nie ujmując ratownikom. Oni sami mówią: „Nasze kompetencje wystarczają do pewnego momentu".

PIOTR, RATOWNIK MEDYCZNY
OD DWUDZIESTU LAT, ZWIĄZKOWIEC:

Mówią, że zastępujemy lekarzy, ale to nie wynika z tego, że jesteśmy jacyś zachłanni, ekspansywni. Lekarzy medycyny ratunkowej do pracy w karetkach zwyczajnie brakuje.

Z czego to pana zdaniem wynika?

Każda specjalizacja daje możliwości dorobienia. Anestezjolog, kardiolog, internista – każdy może mieć etat w szpitalu i pracować prywatnie. A ratunkowy? Ma SOR i pogotowie. Bo przecież nie otworzy sobie prywatnego gabinetu resuscytacji: „Dzień dobry panie doktorze, przyszedłem, bo chciałbym być reanimowany". Nonsens! No więc się lekarze nie garną.

Dobrze, że lekarze jeżdżą w karetkach?

Kiedyś robiono badania, ile procent swojej wiedzy wykorzystuje lekarz w pogotowiu. Jak pan sądzi, ile to jest?

Ile?

3–5 procent wiedzy, którą nabyli w czasie sześciu lat studiowania medycyny, w czasie stażu i specjalizacji. My się uczymy przez trzy lata. I oni, i my wykonujemy te same powtarzalne czynności.

To po co oni są?

Bo zawsze byli.

A jaki system byłby dobry?

Można zrobić tak, jak zrobiono w Czechach, że karetka „S" jest tam, gdzie daleko do szpitala i dostęp do śmigłowca z racji terenu jest utrudniony. Lekarze byliby potrzebni jako wsparcie merytoryczne: siedzi sobie taki doktor w centrum dowodzenia, ma pokoik, monitory, i jak zespół ma problem, to dzwoni do niego, radzi się, pyta. Nie mieliby dużo pracy. Mogliby też być pod parą nie w karetkach, ale w samochodach osobowych – szybkie auto, oznakowane, z sygnałami, którym błyskawicznie dojedzie na miejsce zdarzenia, gdy zespół ratowniczy nie może dać sobie rady.

WOJTEK, LEKARZ,
WETERAN POGOTOWIA I SOR-U:

Kiedyś w karetce byli lekarz i personel: sanitariusz plus kierowca. Sanitariusz w najlepszym razie podawał mi leki i chwalić Boga, jak nie pomylił. Ja robiłem wszystko sam. Więc jestem w stanie zastąpić i ratownika, i kierowcę. Karetkę poprowadzę, znieść pacjenta mogę na własnych barach, bo jeszcze tyle siły mam. Natomiast oni mnie nie zastąpią we wszystkim i tu jest ten problem. Nie wiedzą, w co władza chce ich wpakować.

A w co ich chce wpakować?

Lekarze wylecą z karetek. Będzie taniej, władza zyska. Ratownicy dostaną po 500 złotych dodatku. Zarobią więcej, zyskają. Tyle że za ten marny grosz wezmą na barki chomąto ogromnych uprawnień, prawie lekarskich, i ogromnej odpowiedzialności.

W sensie moralnym?

I materialnym. Nawet za tę dodatkową kasę nie ubezpieczą się należycie. A sprawy roszczeniowe przeciwko ratownikom już są. Na razie mają parasol, bańkę ochronną roztaczaną także przez lekarzy – bo jest taka niepisana zasada, że się „młodszych braci chroni".

Bańka pęknie, bo oni was zastąpią?

Nie z zemsty. Ona prędzej czy później pęknie, bo jest coraz więcej kancelarii prawniczych, coraz więcej takich spraw. A oni nie są przygotowani. Nie mają samorządu zawodowego, który byłby jakimś oparciem, buforem. My mamy izbę lekarską, za nich od razu będzie się brał prokurator. I żeby była jasność – lekarze medycyny ratunkowej uważają, że ratownicy medyczni wykonują wspaniałą robotę, widzimy to na co dzień. Już za to, co robią, powinni mieć wystarczające apanaże. Nie trzeba im jednak dokładać obowiązków i odpowiedzialności.

Pogotowie to jest szkoła życia, zarówno dla młodych, jak i doświadczonych lekarzy, a także pielęgniarzy czy w tej chwili ratowników. Mnóstwo bardzo spektakularnych zdarzeń, które wymagają od załogi szybkiej reakcji, umiejętności poradzenia sobie w trudnych warunkach i dużej wiedzy medycznej w sytuacjach krańcowych. Podziwiam tych ludzi. Są naprawdę entuzjastami. Spora grupa to nie są ludzie, którzy przyszli zwyczajnie do pracy, oni realizują swoją pasję za prześmieszne pieniądze. Powiem panu, że to jest żałosne, że ludzie ratujący życie mogą zarabiać tak małe pieniądze. Tak jest od lat. To nie jest kwestia ostatniego okresu, to jest kwestia ostatnich kilkudziesięciu lat.

ROBERT, LEKARZ, KOORDYNATOR RATOWNICTWA MEDYCZNEGO W JEDNYM Z WOJEWÓDZTW:

Pyta pan, co ja koordynuję? Na dole karetka, nad nią jest dyspozytor Centrum Powiadamiania Ratunkowego (CPR) – do nich spływają telefony od ludzi potrzebujących – bezpośrednio albo są przełączane spod numeru alarmowego 112. W CPR jest dyspozytor, który decyduje o wysłaniu karetki. Wtedy wy w zespole dostajecie telefon i ruszacie. A ja jestem od tego, żeby koordynować pracę tych wszystkich karetek w przypadku dużych zdarzeń losowych, na przykład zderzenia samolotu z autobusem, wykolejenia się siedmiu pociągów. Ja się włączam w takich krytycznych momentach. Koordynacja karetek, kierowanie pacjentów do poszczególnych szpitali – żeby nie wszystkich w jedno miejsce. Mogę postawić ten szpital w stan wyższej gotowości, gdzie ściąga się pilnie lekarzy z domu, żeby pomagali. Plus różne dodatkowe sprawy – koordynacja przejazdu karetki przez moje województwo. Na przykład jedzie z Zakopanego do Gdańska, do Instytutu Medycyny Tropikalnej, z ciężkim pacjentem. Ja muszę mieć w głowie, że jak na moim terenie chory się nagle „popsuje", to muszę skierować ambulans tu i tu. A szpital będzie na to przygotowany.

W skrócie tak to działa.

* * *

Pewnie wyobrażacie sobie, że zespół, z którym jeżdżę karetką, czekając na zgłoszenie, siedzi w sali odpraw w wielkiej stacji pogotowia ratunkowego? Telefony, kolorowe guziki? Cały czas pod parą? Gotowi? Sprężeni do skoku jak pantery? A w szpitalnym oddziale ratunkowym panują zgiełk i harmider? Wszyscy biegają z noszami, krzyczą: „zatrzymanie krążenia", „złamanie otwarte", „pacjent z wypadku"? Dostarczają chorych prosto na stół operacyjny?

Nic z tych rzeczy! Ratownictwo medyczne musi być tanie, bo inaczej trudno wygrać przetarg w NFZ. Dlatego wraz z zespołem siedzimy w murowanej kanciapie, mieszczącej się w małym budynku biurowym gdzieś na obrzeżach miasta. To nasz „dom". Stąd startujemy do większości akcji. Mamy kabel elektryczny, do którego podłączamy ambulans – tak ładujemy akumulatory, które potem będą zasilały urządzenia w przedziale medycznym, do sieci zewnętrznej możemy też podłączyć termowentylator.

W środku stoją nasze wyrka, telewizor, na którym oglądamy filmy, zapas leków, środki opatrunkowe, komputer do wypełniania dokumentacji i zwyczajna, ręcznie wypisywana książka wyjazdów. Ważne, żeby zespół miał dach nad głową. A najważniejsze, żeby było tanio.

Z jednej strony niby są „misja", „przysięga Hipokratesa", nakazy moralne, żeby pomagać. Z drugiej strony nasza „spółka matka" wygrała przetarg. Ma podpisaną umowę z NFZ-etem. W umowie wyszczególnione są „kody produktu kontraktowanego", „nazwy produktu kontraktowanego", sumaryczne kwoty kontraktu oraz średnia cena produktu.

Tak więc uratowanie życia człowieka można zapisać kodem i wyliczyć jego średnią cenę.

Ratowanie człowieka być może kiedyś było misją. Teraz stało się „produktem". I ratownicy za ten produkt mają płacone.

Skoro jest kapitalizm, to ratując, trzeba myśleć, żeby wyjść na swoje. Na pierwszej linii oszczędzania jest „siła ludzka". Ratownik zarabia około trzech tysięcy złotych minus podatek.

PIOTR, RATOWNIK MEDYCZNY
OD DWUDZIESTU LAT, ZWIĄZKOWIEC:

Wiadomo, że życie ludzkie nie ma ceny, ale na przykład doba pracy karetki „P" ma cenę. To trzy tysiące złotych. Załóżmy, że karetka zrobi dziesięć wyjazdów. Cena za ludzkie zdrowie to trzysta złotych. Proste? Ale jeździ się częściej. Jeśli policzymy dwadzieścia wyjazdów, to wyjdzie, że życie ludzkie kosztuje sto pięćdziesiąt złotych. A to oznacza, że coś, co jest „bezcenne", kosztuje dość mało. Polski system ratownictwa medycznego to budżet około dwóch miliardów złotych rocznie. Niemiecki system to dziesięć miliardów, ale euro.

ROZMOWA Z WOJTKIEM,
LEKARZEM, WETERANEM POGOTOWIA I SOR-U:

To dobrze, że firmy prywatne zostały kiedyś „wpuszczone" do systemu ratownictwa?

Z punktu widzenia pacjenta nie ma kompletnie znaczenia, do kogo należy karetka, która do niego przyjeżdża. Kontrakt z NFZ został wygrany. Zasady jasne, wyznaczone. Ale dla systemu miało to oczywiście znaczenie.

Jakie?

Chryste, czym myśmy jeździli! Jaki to był złom! Myśmy się modlili, żeby dojechać. „Moja" karetka miała na liczniku około miliona kilometrów, które zrobiła we Francji, zanim do nas trafiła. Prywatne firmy wymusiły na innych zakup lepszego sprzętu, lepsze pieniądze dla lekarzy i personelu. Konkurencja musiała pójść w tę stronę, jeśli chciała zostać na rynku.

Wolał pan prywatne firmy?

Akurat nigdy w prywatnej nie pracowałem, ale skorzystałem pośrednio. Pracowałem kiedyś jako lekarz karetki erki, czyli reanimacyjnej. I jednocześnie, bo tak było wygodniej dyrekcji, byłem lekarzem pomocy wieczorowej, czyli załatwiałem całe POZ wieczorowe, nocne i ambulatorium chirurgiczne. Zatem odpierdalałem wszystko, bo dyrekcji było „taniej". Szyłem w ambulatorium ranę i dostawałem wezwanie do wyjazdu, do reanimacji. Pełne jaja. Albo wypisywałem receptę na ból dupy i w trakcie musiałem przeprosić i biec do ambulansu, bo umierał człowiek. Pełny absurd. I nareszcie burdel się skończył, bo prywatny podmiot zabrał im ten kontrakt. Podrapali się po głowach i wymyślili, że wystartują w kolejnym przetargu. Dzwonią do mnie. Mili, kulturalni, stawka o sto procent wyższa. Jednym słowem zrobią wszystko, byle wyrzucić prywaciarza. I wyrzucili.

I wszystko wróciło do normy?

O nie, nie ma takiego łatwego powrotu. To już inna rozmowa. Ja sam im powiedziałem: „Kasa dobra, chętnie pomogę, ale chcę jeździć na erce, a nie robić wszystko jak na taśmie". Taki mechanizm zadziałał wszędzie: prywaciarze dawali nowe karetki, podnosili stawki, więc pojawił się niedobór personelu w zespołach tak zwanych publicznych dysponentów i publiczni dysponenci wreszcie zaczęli inwestować. Skok cywilizacyjny i konkurencja miały na to niebagatelny wpływ. Ale powtarzam – jeśli spełnione są standardy, nie ma znaczenia, kto jest właścicielem karetki. Można sobie wyobrazić różne systemy: publiczne, prywatne, mieszane.

PIOTR, RATOWNIK MEDYCZNY
OD DWUDZIESTU LAT, ZWIĄZKOWIEC:

Po dwudziestu latach pracy mam podstawę trzy tysiące dwieście złotych. W sumie nieźle, znam takich, co pracują tyle samo lat, ale w innym miejscu i mają dwa tysiące na rękę. Ludzie więc dorabiają. Za sto godzin dodatkowej pracy wychodzi jakieś dwa – cztery tysiące. Dobrze byłoby, gdyby dostawać na etacie średnią krajową na rękę. Wtedy ludzie by się nie zabijali. Nie braliby po pięćset, sześćset godzin miesięcznie.

- 3073 zł brutto – miesięczne wynagrodzenie ratownika medycznego.

- Od 2390 zł do 3785 zł – co drugi ratownik medyczny otrzymuje pensję w tym przedziale.

- Poniżej 2390 zł brutto – zarabia 25 procent najgorzej wynagradzanych ratowników medycznych.

- 4271,51 zł – średnia płaca w 2017 r.

- 2100 zł – minimalne wynagrodzenie za pracę od 1 stycznia 2018 r.

Źródło: wynagrodzenia.pl:
Ogólnopolskie Badanie Wynagrodzeń na próbie
463 ratowników medycznych.

* * *

Logiczne, że wszyscy dorabiają. Każdy z członków naszego zespołu ma założoną działalność gospodarczą. Czyli jest „firmą", której nie obowiązuje Kodeks pracy, tylko ekonomiczna kategoria: strata i zysk.

GRZEGORZ,
LEKARZ Z WARSZAWY:

Wie pan, na tym polega paradoks systemu. Kierowca tira może jechać siedem godzin. Potem ma przymusową przerwę. Inaczej mógłby być groźny dla innych uczestników ruchu. Takie ograniczenie nie dotyczy ani lekarza, ani ratownika medycznego. Oni mogą pracować na okrągło.

Czyli?

Pan nie uwierzy, ale 600 godzin.

Co, 600 godzin?

Podejrzałem w grafiku! Moja starsza koleżanka z pogotowia wyrabiała tyle w miesiącu.

To niemożliwe. Miesiąc ma gdzieś z 720 godzin.

Możliwe, ona żyła – jadła, spała, myła się – w pracy. Najważniejsza była logistyka. Jej syn w odpowiednim momencie podjeżdżał i przywoził walizkę ciuchów na zmianę. Brała to i jechała dalej.

PIOTR, RATOWNIK MEDYCZNY
OD DWUDZIESTU LAT, ZWIĄZKOWIEC:

Jestem tutaj na kontrakcie dyspozytora i mam kontrakt ratownika kierowcy, więc pracuję średnio trzysta godzin. To jest takie zdrowe minimum, gdzie można popracować i odpocząć. Ale mam kolegów, którzy pracują w kilku miejscach po sześćset godzin. Znam też takich, którzy potrafią wyrobić siedemset dwadzieścia godzin.

Niemożliwe, to cały miesiąc.

Możliwe. Duża stacja pogotowia. Dziś przez 24 godziny byłeś ratownikiem. Przez następne 24 kierowcą. Potem znów 24 ratownikiem. Na początku to zamienialiśmy się tylko łóżkami do odpoczynku, żeby była jakaś odmiana. To było chore.

Czyli mógł pan zostać w pracy siedem dni?

Teoretycznie. Mój rekord to pięćset pięćdziesiąt godzin w miesiącu, sto osiemdziesiąt cztery godziny ciągiem. Cały tydzień byłem w pracy.

I co się działo?

Odbiło mi.

Jak to?

Chciałem pobić kierowcę.

Coś panu powiedział?

Nawet nie wiem, o co poszło, o jakąś pierdołę, włączyła mi się taka dziwna agrecha.

Z przepracowania?

Tak. Wszystko mnie wkurzało, nie byłem zdenerwowany, tylko rozdrażniony. Niby przecież nie jest tak, że jeździ się cały czas...

Czasem przez pół dyżuru leży człowiek i gapi się w telewizor albo śpi ...

Tak, ale w pogotowiu spanie jest na pół gwizdka. Jak ktoś długo pracuje, wyrabia sobie taki odruch, że budzi się tylko na sygnał, ale młodzi, jeszcze napaleni, nakręceni, potrafią całą noc nie spać. Kręcą się, chcą coś zrobić, kogoś uratować. Dla nich są duże miasta. Tam jeździ się non stop. Ale im dalej od centrum, im dalej od skupiska ludzkiego, to tych wyjazdów jest coraz mniej. Starzy ratownicy lubią takie miejsca. Można trochę odpocząć.

* * *

Nasz zespół ostro zasuwa. Mamy kredyty mieszkaniowe. Samochody w leasingu.

Rankiem przyjedzie nowa zmiana, a Marcin i Rafał popędzą do kolejnej roboty. Na nowy kontrakt. Zleceniodawca dostarcza nam ambulans, sprzęt, wezwania i dach nad głową. O resztę dbamy sami.

Teraz oglądamy telewizję. Czekamy na dzwonek alarmowy.

„Dong – dong – dong".

Na tablet przychodzi adres, nazwisko pacjenta, powód wezwania. Ubieramy się i jedziemy. I tak to się kręci.

ARTUR,
RATOWNIK MEDYCZNY:

Władza nie wie, czego chce. Są pomysły likwidacji karetek „S", czyli tych z lekarzami. Są pomysły rozszerzenia uprawnień ratowników. W sumie i tak nasze uprawnienia rosną: liczba leków, które możemy podawać, zwiększyła się z 29 do 47. Co na to ratownicy? Ratownicy dzielą się na takich, którym się jeszcze chce. Oni uczą się, walczą, chcą zwiększyć uprawnienia na tyle, żeby skuteczniej pomagać. Przykład: podałem skolinę motocykliście – nie mam do tego prawa. Zaintubowałem go, choć nie doszło do zatrzymania krążenia. Też złamałem prawo. Ale człowiek żyje. Zaryzykowałem, ale wiem, że zrobiłem co mogłem. Miałem patrzeć, jak umiera? W sumie chyba powinienem.

A druga grupa ratowników? Oni mówią wprost: „Po co nam większe uprawnienia? To tylko więcej roboty, a kasa i tak będzie taka sama. Na licho więc?". Kapitalizm. Skoro ratowanie życia to jest usługa, skoro trzeba ratować w sposób tani, skoro firmy na wszystkim oszczędzają, to dlaczego dziwić się ratownikom? Bez żartów. Wszyscy – ministerstwo, NFZ, spółki traktują to jako biznes, tylko ratownicy mają traktować to jako misję?

ELŻBIETA,
LEKARKA MEDYCYNY RATUNKOWEJ:

To narkotyk. Jak jestem trzy dni w domu, to moje jedenastoletnie dziecko pyta: „Mamusiu, kiedy idziesz do pracy?". Bo mnie roznosi. Mąż mówi, że wakacje dłuższe niż dziesięć dni ze mną to jest obóz kondycyjny przed igrzyskami. Bo ja nie mogę usiedzieć w miejscu. Na plaży mogę być tylko dwa dni. Potem, mimo że są upały, muszę pojeździć na rowerze. Mówię: „Coś trzeba ze sobą robić, nie można być tylko w jednym miejscu". A w domu? Zawsze coś trzeba: coś odsunąć, coś przestawić, coś upiec, ugotować. A jak się człowiek obudzi o trzeciej w nocy? To najlepiej zrobić zupę. Więc myślę, że codzienne bytowanie z ludźmi pracującymi w stresie jest trudne.

Przecież nikt z nas nie musi tyle pracować, ile pracuje. Ale my oczywiście się do tego nie przyznajemy. My mówimy: „Musimy harować jak woły, bo musimy obsadzić dyżury!". Dobra, ale co to znaczy „musimy"? Przecież w większości miejsc pracujemy na kontraktach. Sprawa jest prosta. Wystarczy powiedzieć: „Przepraszam, ale w tym miesiącu biorę pięć dyżurów, a nie osiem. Bo takie mam życzenie. Sprawy osobiste". Cokolwiek. Mogę to zrobić, ale świadomość, że miałabym tylko pięć dyżurów na karetce zamiast ośmiu czy dziewięciu, zabiłaby mnie. Co ja będę robić, jak nie będę jeździć? Zupę o trzeciej nad ranem?

Rozumiem ludzi, którzy chcą pracować zgodnie z Kodeksem pracy. To jest fajne, że są młodzi lekarze, którzy o to walczą. Znaleźli w sobie parę i biją się, żeby godnie pracować i żyć. To jest bardzo ważne. Całym sercem jestem za nimi, bo uważam, że przede wszystkim powinniśmy mieć wybór, ile pracujemy. Ale nie chciałabym, żeby na przykład ktoś mnie zmuszał do pracy zgodnie z Kodeksem pracy. Ja bym od tego zwariowała. Owszem, chirurg dziecięcy albo neurochirurg, który nie śpi trzydzieści sześć godzin, to jest chyba przegięcie. Ale moja praca jest z innej bajki. Wiem, co to jest jeździć dwie doby na karetce.

Co to jest?

To żaden problem.

ORDYNATOR SOR-U,
WIELE LAT JEŻDŻENIA W KARETKACH:

Ludzie, którzy decydują się na medycynę ratunkową, to są często osoby o bardzo fajnym charakterze, o takim zacietrzewieniu poszukiwawczym, zacięciu do podejmowania wyzwań. Powiem tak: czadowa specjalizacja. Wiąże się ona z chaosem, ale chaos tak naprawdę nie jest czymś, co my wytwarzamy, tylko tym, co do nas trafia. A my mamy to uporządkować. Część ludzi tego nie wytrzymuje, idzie na bardziej wygodne specjalizacje, gdzie mają czystsze rączki, gdzie nie ma elementu nagłości, z którym trzeba umieć sobie poradzić.

* * *

Rejon. Mamy kilkanaście zapadłych wsi, miasteczko, w którym jest prowincjonalny szpital – tam wozimy lżejszych pacjentów. Inne miasteczko, w którym jest spory szpital psychiatryczny – tam lądują „nasi" narkomani i pijacy. Obok naszego rejonu leży wielkie miasto wojewódzkie, czasem trudniejszych pacjentów wozimy właśnie tam.

Na wsi chleją i biją się sztachetami. Jest tam sporo urazów. Ale ludzie twardsi i milsi. W miasteczkach więcej ćpunów i pijaków. Nasz zespół jeździ po okolicy tak długo, że jest już trochę stąd.

Znamy adresy melin. Lokalnych pijaków. Skłócone rodziny. Miejscowych erotomanów. Domy pomocy społecznej, które kiedyś były burdelami, ale burdele przestały się opłacać. Wtedy właściciel zmienił profil. Wiemy, że wezwanie do J. oznacza najczęściej agresywnego pijaka. W W. mieszkają starzy bandyci – miasteczko kiedyś trudniło się wymuszeniami i handlem kradzionymi autami.

NOTATKI Z AMBULANSU, CIĄG DALSZY

Normalnie, jak uratujemy komuś życie, to się cieszymy. Ale przez żonę „Sztywnego": „Kto was prosił, żeby go ratować?" wszyscy byli skiszeni.

Odebrała nam radość i w ambulansie panowała cisza. Jeśli nie liczyć dźwięku syreny, którą włączył kierowca, i pikania aparatury, do której był podłączony nasz „Sztywny".

Marcin siedział z przodu i patrzył tępo przed siebie. Świat, bladoniebieski od naszych kogutów, przypominał cmentarną krainę.

Ja z Rafałkiem siedzieliśmy z tyłu. Patrzyliśmy na „Sztywnego". Ciało starcze, pomarszczone, pokryte więziennymi tatuażami. Walczył i był bliski zwycięstwa. Powoli wracał mu samodzielny oddech, co trochę kolidowało z pracą aparatu do respiracji.

Rafałek odezwał się pierwszy:

– Gdybyśmy się spóźnili… chociaż z pięć minut…

Marcin odwrócił się z przedniego fotela:

– Miałaby kobieta wolne, nie? Bił ją? Nie?

Rafałek patrzy w kartę pacjenta, odczytuje dane.

– Wiecie, że ja pamiętam gościa z dawnych czasów?

– Serio?

– Serio, serio. Jak byłem dzieckiem, to on był bandziorem.

– Eee?

– Nie eee. Chodził pod Bolem.

W latach dziewięćdziesiątych Bola znał tutaj każdy. Ukradli ci samochód? Policjant na komendzie przyjmował zgłoszenie, a potem mówił cichutko:

– Najlepiej pójdzie pan do Bola.

Zawsze był jakiś „Bolo", który wiedział, gdzie jest twój samochód. Szedłeś do niego, a on pytał:

– Jaki samochód?

– Toyota.

– To dwa tysiące.

Rafałek: – Mówię przykładowo, żebyście wiedzieli, że był cennik. Mercedes trzy tysiące, peugeot półtora tysiąca. Płaciło się i Bolo „odnajdywał" auto.

Potem Bolo i jego kumple zaczęli do siebie strzelać. A jeszcze potem wzięły się za nich psy. Dziś albo umarli, albo są starzy i zapici.

Rafałek: – Kiedyś wezwali nas do córki Bola. Ona jest psychiczna i jak ją braliśmy, to rąbnęła w niego butem. Bolo się rzucił na nią z pięściami. Trzeba było bronić dziewczyny. Wzięliśmy się z Bolem za bary. Krzyczy do mnie zapieniony:

– Ty chuju, już nie żyjesz. Masz wyrok!

Kiedyś Bolo naprawdę wydawał wyroki śmierci. A teraz? Koniec! Jest starym, schorowanym dziadem, który łapie zadyszkę. Już nikt się go nie boi. Nawet na jego osiedlu rządzi małoletnia drobna żulia. Młodzi, wiecznie napici albo naćpani – wiemy, bo ciągle do nich jeździmy. Wybiega jeden od swojej panny. Pokłócili się, jest zdenerwowany. Przed klatką siedzi jakiś dziadek na wózku. Więc zaczyna go napierdalać – bo jest zły. Wszystko na naszych oczach. Świat się zmienia.

Bolo jest już nikim. Papierowym, szczerbatym tygrysem. A „żołnierz" Bola leży w naszej karetce.

Wenflon wbity w szyję, bo żyły ma chłop pozapadane. Saturacja 100, puls 120.

Gnamy do szpitala na bombach. Inni kierowcy nas zapieniają. Nie zjeżdżają z drogi albo zjeżdżają zbyt nieporadnie. Bluzgamy, bo portier spóźnił się o sekundę z podniesieniem szpitalnego szlabanu.

Dojeżdżamy na SOR.

Marcin: – Pacjent stabilny, tylko żona go nie kocha.

Rozdział II

Sraczki

* * *

Uczę się karetkowego języka. Najpierw „leżak” – pijak leżący w rowie albo na drodze. „Wieszak” to wisielec. „Beret” – samotny starszy człowiek. „Ferrero rocher” – koc termiczny. „Bomiś” – pacjent roszczeniowy... A „sraczka”? Wezwanie niepotrzebne, do jakiejś banalnej dolegliwości.

ROBERT, LEKARZ,
KOORDYNATOR RATOWNICTWA
MEDYCZNEGO W JEDNYM Z WOJEWÓDZTW:

Znam tę pracę od podszewki: lata w pogotowiu i na SOR-ze. Jako koordynator nadzoruję pracę dyspozytorów medycznych – ludzi, którzy rozsyłają karetki do pacjentów. W praktyce działam, jak jest jakieś zdarzenie na dużą skalę. I z mojej perspektywy wygląda to tak.

Faktycznie dano sporo instrumentów, które mogłyby zapobiec nadużywaniu karetek przez ludzi, ale okazuje się, że nic z tego. Władza w trosce o to, żeby mieć więcej głosów, blokuje możliwość czegoś takiego, że pacjent niepotrzebnie wezwał karetkę i będzie zostawiony w domu. Nie. Jest polecenie, że karetka, jak już przyjedzie do pacjenta, który trzy razy oddał gazy, to ma zabrać go do szpitala. Ratownicy mogą go zostawić w domu, pod warunkiem że podpisze, że się nie zgadza na odwiezienie do szpitala. Oczywiście ja wiem, że można tak poprowadzić rozmowę, że on „się nie zgodzi". Ale jak chce do szpitala, to trzeba go zawieźć. I czym to skutkuje? Karetka jedzie z takim pacjentem. Ma niepotrzebny przebieg – trudno. Gorzej, że w tym czasie może być potrzebna w innym miejscu.

Bo, proszę uwierzyć w moje doświadczenie, nie ma za dużo karetek. Zawsze ich będzie za mało w stosunku do zdarzeń, które mogą nastąpić.

Ale to nie koniec. Bo ten chory, który pierdnął trzy razy głośniej, wyląduje na SOR-ze. I ja albo moi koledzy będziemy się musieli nim zająć, zamiast zajmować się… i kółko się zamyka.

* * *

Dzień przeważnie składa się z wyjazdów do „sraczek" do których wysyła nas dyspozytornia. Dyspozytornia to inaczej „pelikanarium", a dyspozytor to „pelikan": „Żarłoczny ptak, który łyka wszystko".

Żarcik: „Telefon na dyspozytornię:

– Dzień dobry, mój syn ma 38 stopni gorączki. Co mogę podać?

– Proszę podać adres".

W pogotowiu to codzienność.

Gdzie nasza „kareta" warta wraz ze sprzętem dobrze ponad 300 tysięcy złotych jeździła ostatniej doby?

Uraz barku w wyniku upadku po spożyciu alkoholu (pomoc udzielona na miejscu).

Smolisty stolec po alkoholu (pomoc udzielona na miejscu).

Ból brzucha (pacjent odwieziony na SOR).

Ciąża, krwawienie (pacjentka odwieziona do szpitala).

Wypadek komunikacyjny, uraz głowy (pacjent odwieziony na SOR).

Wypadek komunikacyjny, uraz podudzia (pacjent odwieziony na SOR).

Drętwota ciała (pomoc udzielona na miejscu).

Uraz głowy, upadek (pacjent odwieziony na SOR).

Leży przy sklepie (po dojechaniu na miejsce zespół stwierdził brak pacjenta).

Ból brzucha, wymioty (pacjent odwieziony na SOR).

Pchnięty nożem, rana brzucha (pacjent odwieziony na SOR).

Pobity, uraz głowy (pacjent odwieziony na SOR).

Wypadek komunikacyjny (pomoc udzielona na miejscu).

Wezwanie odwołane.

Krwawienie z nosa, nadciśnienie (pacjent odwieziony do szpitala).

Ból w pachwinie (pomoc udzielona na miejscu).

Te krwawienia z nosa, urazy barku po wódzie, bóle brzucha – to nie są wezwania dla pogotowia. Dyspozytor łyka, my jedziemy – wszyscy „robią swoje", żeby w razie czego mieć dupokrytkę. Ale być może, gdy my jesteśmy na krwawieniu z nosa, ktoś tam umiera na zawał.

J., DYREKTOR SOR-U,
PRZEZ WIELE LAT JEŹDZIŁ W KARETKACH:

Dzisiaj dyspozytor jest najsłabszym ogniwem w systemie. Oni są często mało kompetentni albo mało decyzyjni. Ale przeważnie nie z własnej winy i woli. Pierwszy do odstrzału zawsze jest dyspozytor: „Nie przyjął zgłoszenia, skandal!". Więc co oni robią? Przyjmują wszystko! Na pierwszym dyżurze i tak wszystko się przyjmuje, to jasne, bo brak doświadczenia. Ale potem? Tylko że starzy dyspozytorzy im radzą: „Przyjmuj wszystko!". Do tego niskie pobory, straszny stres i ogromne ryzyko. Efekt? Nie potrafią zbierać wywiadu, nigdy nie odmówią, bo wojewoda powiedział, że mają wszystko przyjmować!

WOJTEK, LEKARZ,
WETERAN POGOTOWIA I SOR-U:

Karetki pogotowia mają służyć do działań w nagłych wypadkach. Tymczasem nadal to jest ambulatorium na kółkach. Czym my się zajmujemy? Mamy wezwanie, że „pacjentka się dusi". Jedziemy przez miasto. Nie oszczędzamy się. Tymczasem na miejscu pani siedzi sobie już spakowana. W ręku trzyma skierowanie do szpitala. Przyjęcie ma nastąpić dzisiaj. Czyli co? Pani nie chciało się tramwajem. Pani chciała przyoszczędzić i nie wydać na taksówkę, no to sobie wezwała darmową podwózkę, czyli karetkę.

Albo: „Brzuch mnie boli, panie doktorze. I to ciągle, tak już od siedmiu dni mnie boli!". „To co, nie mogła pani przez siedem dni przejść się do przychodni? Trzeba do tego wzywać karetkę?". Takiego chorego nie można zostawić, stan wymaga oceny przez lekarza albo ratownicy muszą go zabrać ze sobą. OK, niby można zostawić w domu, ale jak coś się stanie? I taki chory ląduje na SOR-ze przywieziony karetką, zamiast pójść do swojego doktora rodzinnego.

MAREK,
RATOWNIK MEDYCZNY:

Kto będzie ryzykował? Jaki ratownik za te swoje trzy tysiące? Jest wezwanie? Dobra, pakujemy klienta do budy i niech się dalej martwią w szpitalu. Co mnie to obchodzi? Będę system ratował? Własną dupą?

NOTATKA Z AMBULANSU

Zapisałem wezwanie dokładnie, bo akurat zbliżały się święta Bożego Narodzenia, a wezwanie zabrzmiało jak początek kolędy: „Leży w rowie, na nim rower. Nikt nie sprawdził, czy od-dy-cha".

– Jak nikt nie sprawdził? – pytam.

– Jak? Ludzie się brzydzą – wyjaśnił mi Marcin. – Trzeba dotknąć ręką, pochylić się. To jednak jest takie, no wiesz, niehigieniczne. Zarazisz się albo ubrudzisz się, buty ubłocisz. Najlepiej pomóc bliźniemu, wykonując telefon na pogotowie. My pojedziemy i jakoś sobie z tym poradzimy. Jak to się mówi, „ogarniemy temat".

Marcin był sarkastyczny. Wezwanie zdarzyło się zupełnie nie w porę. Zespół ledwie zdążył się umościć na wyrkach. Rafałek ledwie odpalił film i nastąpiło to „dong – dong – dong".

Nie wiadomo, czy ubierać się szybko i gnać na sygnale. Czy można wciągać portki powoli i nie wygłupiać się z jazdą na bombach. Bo kto odgadnie, czy człowiek nie został pieprznięty przez samochód. Teraz leży i się wykrwawia. Czy też może jest to pijaczek, który nie dopedałował do domu.

Wiemy tyle, ile powiedziała dyspozytornia: „Leży w rowie, na nim rower...".

Staje na wariancie pośrednim – ubieramy się w miarę szybko, ale bez szaleństwa. Włączamy niebieskiego koguta, ale nie zapuszczamy syreny.

Jedziemy do J.

J. uchodzi za trudną wioskę. Piją i rozwalają sobie łby regularnie. Liczymy w duchu, że może to jakiś zagubiony alkoholik.

– Może Staś? – dywaguje Rafałek.

Marcin się zgadza:

– No, pasowałoby na Stasia. Całkiem blisko jego domu.

Wieś znudzona, lekko podminowana. Ludzie paluchami pokazują, gdzie jest „pacjent".

– No i, kurwa, Staś!

„Siedzi w rowie, obok rower", bo już zdążył się wygramolić spod swojego „jubilata". Dziwnie jakoś się stoczył na drugą stronę.

– Co to był za drift! – zachwyca się Marcin.

Stachu, siwiuteńki dziadunio. Z postrzępionej kurtki wypełzają resztki watoliny. Kiedy go spionizujemy, okaże się, że kurteczka jest cieniutka, została właściwie tylko podszewka. Całość (kurtka plus Stach) leciuteńka. Mało je, mało waży, w ogóle jest go bardzo mało. Tylko oczy ma wielkie, ze strachu. Jest słabiuteńki i stary (64 lata). Skoro od każdego w życiu bierze po mordzie, to spodziewa się, że od pogotowia też może dostać.

Dlatego włącza mu się reakcja obronna.

– No kuwa, co? Co kuwa, no? No? Co? Co? Kuwa!

– Ale po co te wulgaryzmy, Stachu?

– Bo ja, kuwa, nie wzywałem! Nie dzwoniłem! Siedzę sobie!

Już robi się zbiegowisko. Fukają sąsiedzi na Stacha. Najbardziej siostrzeniec, kryminalista. Mówi, że chciałby Stacha zabić i zgarnąć tysiąc pięćset z pomocy społecznej, które wuj odbiera co miesiąc. Dlaczego aż tak?, interesujemy się. „Bo po chuj taki Stasiek żyje? A jak ja siedziałem w kryminale, to moja stara nawet stówy od państwa nie dostała".

Nad rowem melioracyjnym, przy asfaltowej drodze przecinającej smutną wieś J. zaczyna się unosić delikatny zapach linczu.

– Chodź, Stachu, będziemy cię badali.

– No kuwa, kuwa, kuwa, nie!

Stasiek boi się, że jak wejdzie do karetki, to dostanie. I że jak zostanie w rowie, też dostanie (tyle że od siostrzeńca).

– Tu go dajcie! – domaga się siostrzeniec.

Stach hamletyzuje i przez to jego opór nie jest za wielki.

– Siadaj, Stachu! – mówi Marcin do pacjenta. Stachu chce się umościć na noszach.

Ambulans jest zawsze wypucowany, sterylny.

– Gdzie? Wszystko nam zaświnisz. No, gdzie się siada?

Stasiek posłusznie kładzie się na podłodze.

– Tak jest, Stasiu, ty podróżujesz biznes klas!

Patrzymy na niego. Stary, brudny, śmierdzący, bezradny.

– Będziemy go badali?

– Czy ja wiem?

– Nie!

To oznacza na 3:0 na korzyść tego, że Stasiek jest zdrowy.

– Zawieziemy cię do domu.

– Rower.

– Ale co rower?

– Dawaj kuwa rower.

– Ale gdzie ja ci, Stachu, wsadzę rower? Do karetki?

– Rower kuwa chcę!

Marcin: – Dobra, wrócę się i przyjadę na tym rowerze. W końcu do domu mamy tylko 150 metrów.

Rafałek: – No weź, na rowerze będziesz jeździł? Niech jebany siostrzeniec zabezpieczy pojazd.

I do siostrzeńca:

– Proszę pana?

– No.

– Rower wuja pan weźmie?

– Chuj! Wuj! Pierdolę.

– No, weźmie pan! Proszę bardzo.

– Dobra… Kurwę zabić… Wezmę…

Jedziemy te 150 metrów. Stasiek już w domu. Dom? Duże słowo. Jedna waląca się izba. Klepisko, palenisko, barłóg. Stach chodzi w tym, w czym śpi. Zimno.

Nie chce wchodzić. Wyzywa. Przypomniał sobie o rowerze! Nie ma roweru, nie ma wchodzenia do domu.

– Stasiu, zaraz będzie inna rozmowa. Chcesz? – pyta go Marcin.

Przed „inną rozmową" ratuje go ładna młoda blondynka. Też Stasiowa rodzina, ale fajna. Czysta, zadbana – pewnie jakaś bratanico-siostrzenica. Piąta woda po kisielu. Zobaczyła karetkę na światłach i myślała, że Stach wykorkował. Dlatego przybiegła.

– Jezu, Jezu, Jezu. Stasiek? Co z tobą? Jezu! Lecę po matulę. Panowie, co się dzieje?

A Stachu przyparty do drzwi stawia się: „Kuwa, kuwa, kuwa" po swojemu.

– O, Stasiu, żyjesz! Dobrze! – cieszy się bratanica. – Ale co się stało? Piłeś? Najebany jesteś! Oż, ty gnoju!

– Ja szłem! Siedziałem! A te kuwy! Rower! Zajebali!

Marcin: – No, bez wulgaryzmów! Powie pani wujkowi!

– Zamknij, Stasiu, mordę! Panom głowę zawracasz! Wstydu nie masz. Zaraz biegnę po matulę! Zobaczysz, pijaku ty. I co będzie? Panowie?

– No co? Zajmie się pani? Po policję nie będziemy dzwonić, nie?

– Nie będziemy! A rower?

– Miał ten jego siostrzeniec wziąć. Łysy. Z tatuażem.

– Znajdę! Jak Boga kocham, że znajdę! Dziękuję panowie!

– A ty, Stasiu, do rana nie wychodź! Bo jak wrócimy, będzie inna rozmowa! – grozi Marcin.

Zbieramy się. Jeszcze trzeba wypełnić karty. Wynika z nich, że Stach leżał w rowie, gdyż był pijany.

Został przez nas gruntownie przebadany. Wyniki? Saturacja 98 procent, tętno 75, ciśnienie 140/75, glukoza 150. Jama brzuszna w normie, temperatura w normie.

Chcieliśmy nawet Stacha zabrać na SOR, ale niestety „poinformowany i świadomy możliwości bezpośredniego zagrożenia zdrowia nie wyraził zgody na przewiezienie do szpitala".

W papierach musi się nam wszystko zgadzać, żeby potem nikt nas nie ciągał, gdyby Stasiek zszedł nagle.

Jedziemy na bazę. Po drodze mijamy rower Stasia. Leży w rowie, jak leżał. Okłamał nas siostrzeniec! I podłogę Stasiek nam upaprał.

JAN,
POCZĄTKUJĄCY LEKARZ:

Karetki przywożą odwodnionych, niedożywionych, z odleżynami. SOR przekazuje ich na internę. I interna zamienia się w hospicja. Mamy pacjentów, którzy leżą po dwa tygodnie, a mamy takich, którzy leżą po trzy miesiące i umierają powoli. Nie można ich wyrzucić, mimo że są nieubezpieczeni. Bo jak ich wyrzucić? Dokąd? To byłoby nieludzkie.

* * *

Miasto i wieś? Marcin uważa, że różnią się one podejściem do życia i śmierci. Miasto jest lalusiowate, ale i bezwzględne oraz roszczeniowe. Zawsze znajdzie się ktoś z „lepszych sfer". Marcin opowiada: – Raz mieliśmy panią sędzię. Pijana, w negliżu. Zaczęła od tego, że nas wyzywała. W końcu doktor mówi: – No, ile można? Proszę się uspokoić, bo zadzwonię po policję i panią skują". A ta dalej: „Wy skurwysyny takie, owakie". No to zadzwoniliśmy. I szła pani sędzia z gołą dupą do karetki.

W mieście nawet facetów pogięło. Zrobili się jak baby. Ostatnio mężczyzna nas wezwał do rozwalonej wargi. Wjeżdżamy do mieszkania. Zmęczeni, uharowani, bo dyżur był ciężki.

– Pan wzywał?

– ...ak.

– Co się stało?

– O, fufaj... – Pokazuje na tę rozbitą wargę.

– Chłopak pana rzucił?

– Co?

– No pytam, czy chłopak pana rzucił? Z powodu takiego gówna nie wzywa się pogotowia, usiłuję więc dociec, czy mamy do czynienia z problemami psychosomatycznymi. To co, rzucił cię, kurwa, chłopak?

Wieś? Inna historia! Są wdzięczni, że człowiek do nich przyjechał. Często dadzą flaszkę albo będą chcieli wcisnąć ci czekoladę.

Mają taki zdrowy stosunek do śmierci, przemijania. I wzywają dopiero w ostateczności. Ludzie na wsi są kulturalniejsi. Jak człowiek czuje, że jest chory, że trafi do szpitala, to się sam ubierze, spakuje walizeczkę i jeszcze wyjdzie do krzyżówki, żebyśmy nie musieli go szukać i tłuc się po wertepach.

Pamiętam, jak raz chłop wpieprzył sobie rękę do kombajnu albo innej maszyny. Nie wiem zresztą gdzie, bo strasznie pokiereszowana. Mięśnie porozrywane, krew. On spokojnie do nas:

– Panowie, zabezpieczcie to jakoś, opatrunek czy coś.

– Człowieku, jedziemy do szpitala!

– O nie, panowie. Ja tu mam na polu robotę. Weźcie to jakoś połatajcie. Do wieczora się obrobię i sam podjadę do tego szpitala.

Rozdział III

Starzy luzerzy

ROZMOWA Z WOJTKIEM, WETERANEM POGOTOWIA I SOR-U:

Mówiło się, że do pogotowia trafiają przegrani, tacy, którzy nie mogą zaczepić się gdzie indziej.

Tak to było. Szczególnie na początku mojej pracy. Było to miejsce zsyłki lekarzy, których pozbyto się z innych szpitali. Kogo tam nie było: narkomani, alkoholicy, ludzie ze schorzeniami psychicznymi, nieudacznicy, którzy niczego nie potrafili. Mieli trudno, bo do pogotowia powinien przyjść ktoś, kto ma wiedzę, a nie tylko wiadomości. Ale była inna grupa – do pogotowia trafiali też pasjonaci.

A teraz?

W tej chwili są spore obostrzenia. Żeby być lekarzem pogotowia, najlepiej mieć specjalizację z medycyny ratunkowej – tacy są mile widziani – albo specjalizację z innych dziedzin i doświadczenie z SOR-u.

Medycyna ratunkowa to popularna specjalizacja?

W momencie, kiedy powstała, mnóstwo ludzi się na to rzuciło. To jest trudna specjalizacja wymagająca szerokiej wiedzy: i z interny, i okulistyki, i z ginekologii, i traumatologii, i neurochirurgii, chirurgii itd., ale tylko w zakresie, który pomaga uratować pacjenta.

To nie jest lekarz, który będzie go leczył dalej. Nie musi wszystkiego wiedzieć. Musi znać ten kawałek, który pomoże mu uratować życie pacjenta. Problem polega na tym, że jest to specjalizacja zawężająca możliwości na przyszłość.

To znaczy?

Jeśli ma tylko specjalizację z medycyny ratunkowej, może pracować tylko w SOR-ze albo w karetce. Ale jak się ma pięćdziesiąt czy sześćdziesiąt lat, jest się zmęczonym, bo naprawdę ciężko na co dzień jeździć karetką i pracować w SOR-ze.

I co wtedy?

I wtedy jest kłopot, bo po medycynie ratunkowej nie mam gdzie pójść. Nie przyjmą mnie ani na oddział internistyczny, ani do poradni. Dawniej było wszystko jedno, czy ja jestem dermatolog czy traumatolog. Jeżeli chcę pracować w poradni, to pracuję w poradni. A teraz się to pozmieniało. Rezultat jest taki, że zmniejszyła się liczba chętnych na specjalizację ratunkową. Jeśli już, to lekarze robią jeszcze inną specjalizację, myśląc, że „dorobią sobie" ratunkową. Spora grupa lekarzy ratunkowych wyjechała i pracuje w pogotowiu w Anglii, Szwecji, razem zresztą z ratownikami. Znam całe zespoły, które wyjechały.

Dobrze im tam?

Więcej pieniędzy, mniej pracy. Mają się dobrze, bo czasem mówią mi: „Jesteśmy aż nadsprawni, wyszkolenie mamy na tle kolegów bardzo dobre". Czyli będą wyjeżdżali, bo jak inaczej, skoro się tu ich olewa?

* * *

Gadam z Marcinem. Wiem, że ta robota jest dla niego wszystkim. Jeździł jako wolontariusz, nie mając jeszcze dwudziestu lat. „Wpraszał się” do ambulansu. Wśród ratowników robi trochę za guru – bo jest bardzo dobry. Trochę za maniaka pracy. Dla mnie jest łącznikiem między starymi i nowymi czasami. Marcin pamięta wszystko. Chlanie wódki, złodziejstwo, bicie, wykorzystywanie. Jak była sprawa z pavulonem i łowcami skór, też jeździł.

– A *Botoks* widziałeś? – pytam go.

– Masz!

– I co?

– Fajny.

– A mówią, że przerysowany.

– Gówno tam, przerysowany.

– No a seks z psem? Jak to, żeby dziewczyna się sczepiła z psem?!

Marcin się śmieje. Bo wszystko może być w tym filmie przerysowane, ale akurat seks z psem to fakt. To zdarzyło się na warszawskim pogotowiu w latach dziewięćdziesiątych. Pies był rasy owczarek niemiecki. Na całą akcję dziewczyny z psem wpadł do domu ojciec. Napad pochwicowy, inaczej zakleszczenie, zdarza się, gdy podczas stosunku wystąpi silny stres. Dziewczyna sama zadzwoniła na pogotowie. Zespół nie mógł sobie poradzić. Zapakowali całe towarzystwo i przywieźli do pogotowia na Hożą. Dyżur miał „Biały Ojciec”, lekarz legenda pogotowia. Siwe włosy, broda, długi fartuch, cięty język. Usiłował podać pacjentce leki rozkurczowe, ale owczarek na niego warczał.

Marcin opowiada: – I „Biały Ojciec" wtedy zwrócił się do ojca pacjentki.

– Proszę pana, czy mógłby pan wpłynąć jakoś na zięcia? On mnie chce ugryźć!

Facet się wkurwił i chlast „Białego Ojca" w twarz. „Biały Ojciec" się broni. Sytuacja nietuzinkowa – jest seks, kobieta, zwierzę i walka dwóch mężczyzn.

JACEK,
LEKARZ POGOTOWIA I SOR-U:

Mieliśmy taką schizofreniczkę w rejonie. Była znana, bo jak przychodziła do psychiatry, to w futrze, a pod futrem była naga. Zrzucała okrycie i mówiła: „Ja jestem twoja, a ty mój". Znaliśmy ją z częstych wezwań, zawsze coś tam się u niej działo.

Na przykład?

Ona często biegała na golasa. A kiedyś zaczęła z trzeciego piętra rzucać rzeczami. Wszystkim, co tam miała w domu: doniczkami, majtkami, szmatami. Ludzie wezwali patrol policji, patrol nie mógł sobie poradzić i wezwał drugi patrol, a w końcu zespół interwencyjny. Tak, że na miejscu było czterech zwykłych policjantów i trzech dużych, takich pakerów. No, ale też sobie nie radzili i wezwali karetkę.

Rozumiem, że „karetka" sobie poradziła.

Częściowo. Weszliśmy do domu, wzięliśmy ją w tym jej futrze na dół, prowadzimy do karetki, ale ona się wyrwała. Zrzuciła futro, tak że zostało nam w rękach, a sama, tradycyjnie goła, dała nogę.

Komedia.

Zgadza się, komedia. Ona biegnie, za nią radiowozy, za nimi karetka. Policja ją w końcu łapie. Na to wszystko wychodzą dzieci ze szkoły. Patrzą, jak funkcjonariusze szamocą się z gołą babą, która krzyczy: „Nie, ratunku, nie, zostawcie mnie!". I w końcu mój niepozorny z postury kierowca mówi: „Wy jesteście chuj, a nie policja". Ten kierowca to taki typowy weteran pogotowia: sumiasty wąs, krawacik. Zapakował ją do karetki, poprawił krawat, przygładził wąsa i mówi: „Mówiłem, że chuj, nie policja!". Pytam: „Marek, nie bałeś się?". A on: „Czego, kurwa, się bać, przecież swój do swojego ciągnie".

Zabawne.

I smutne, bo w sumie to sprawa dotyczy ciężko chorej pacjentki. Ale mówię panu po to, żeby pan nie złapał się w pułapkę demonizowania tego starego „pogotowia". Ten Marek był rzeczywiście postacią z przeszłości, ale rzucał chujami i kurwami. Języka klinicznego nie znał. Ale radził sobie rewelacyjnie. Rozumiał tych naszych klientów, nie bał się ich, mówił do nich zrozumiale. To nigdy nie wróci, ale też mam świadomość, że pojeżdżenie z takimi doświadczonymi wygami niejednemu dzisiejszemu gwiazdorowi medycyny ratunkowej bardzo by się przydało. Ludzie są niewolnikami algorytmów, standardów, a życia nie ma ich kto nauczyć. Trzeba zachować się po ludzku, gdzieś tam obejść przepisy. Jak nie po partyjnej to po komsomolskiej linii, dogadać się jak człowiek z człowiekiem. Powiem oględnie: staramy się młodzież uczyć pewnych zachowań. Że nie zawsze trzeba być takim od A do Z. To nie zawsze dla niewolnika standardów jest do przyjęcia.

MACIEJ,
DOŚWIADCZONY LEKARZ:

Ci sanitariusze w dawnych czasach mieli gigantyczne doświadczenie. Byłem młody, nic nie rozumiałem. Oni mnie uczyli. W nocy z piątku na sobotę albo z soboty na niedzielę dość często przychodzili na pogotowie mężczyźni. Czaili się, wstydzili. I na jednym z pierwszych dyżurów sanitariusz podpowiada mi szeptem:

– Panie doktorze, pan patrzy na tego tu. Ten to sobie coś w dupę wsadził.

– Niemożliwe!

– Bankowo! Żona wyjechała, oglądał jakiegoś zboczonego pornola i sobie wsadził, a teraz nie może wyciągnąć.

– No, niemożliwe!

– Zaraz pan zobaczy: Proszę pana, proszę pana! Pan tu pozwoli, do gabinetu.

Gość wchodzi, a sanitariusz do niego prosto z mostu:

– Co pan sobie w dupę wsadził?

Gość czerwony, duka, ale w końcu mówi: – No, żona wyjechała i oglądałem taki film...

– Dobra, dobra. Co se pan wsadził?

– No, marchewkę.

I wtedy sanitariusz mówi do mnie tak: – To nie ma co teraz wyciągać, panie doktorze, bo się pan umęczy. Poczekamy do wiosny, natka się pojawi i pójdzie łatwiej.

NOTATKA Z AMBULANSU

Mówią na nią „koronkowa Zofia". Wyjazdy do niej mają w sobie coś perwersyjnego. Uskarża się na nadciśnienie i wzywa zespół średnio raz w tygodniu. Czeka na szezlągu. Ubrana w przezroczysty peniuar i koronkową bieliznę. Leży na boku. Nie chce się ruszać, żeby nie niszczyć wypracowanej pozy.

– Otwarte, phoszę! – krzyczy, gdy zespół dzwoni do drzwi.

Zofia grasejuje. Do tego (to opinia członka naszego zespołu) „jest czymś w rodzaju demona seksu opętanego manią ekshibicjonizmu". Demon jest przepity, podstarzały (Zofia ma 58 lat), ale ciągle pełen werwy. Gdy zespół wchodzi, przeważnie z zakamarków mieszkania wyłania się aktualny narzeczony, zawsze w białych gaciach. W opinii członków zespołu białe gacie „to jakiś rodzaj zdewiowanego umundurowania".

Zofia: – Tak tu sobie siedzieliśmy i skoczyło mi ciśnienie.

– Bo chlejesz!

Zofia: – Ani kieliszeczka, wyphaszam sobie!

Amant: – Proszę się nie zwracać do Zofii w taki sposób!

Zofia dostaje coś na zbicie ciśnienia. Zespół się pakuje:

– Wszystko tu u pani tonie w spermie.

Zofia milczy, uśmiecha się zalotnie.

* * *

Czekamy na wezwanie. Od kilku godzin nic się nie dzieje. Znów gadamy z Marcinem. Tym razem o piciu i złodziejstwie:

– Picia prawie nie ma, sam widzisz. Złodziejstwo? Zawsze się zdarza. Wchodzisz do domu. Jakaś stara babcia, sama, bez świadomości. Jak ktoś jest mendą, to się skusi. Zwłaszcza że płacą mało. Wiesz, jak to się mówi…

– Okazja czyni złodzieja.

– Tak, ale nie tylko. Widziałem złe rzeczy. Facetów, którzy wykorzystywali młode narkomanki. Bili. Podbierali narkotyki. Ale to było wcześniej. Kiedy w pogotowiu jeździły spady wśród lekarzy, sanitariuszy, kierowców. Teraz każdy ratownik ma trzyletnie studia. Każdy ma działalność gospodarczą, każdy zasuwa z dyżuru na dyżur. Nie ma czasu na wódkę i wygłupy. Dużo złego się wykruszyło.

Do mieszkania w Warszawie, w Śródmieściu, przyjechało trzech ratowników medycznych – Piotr C., Daniel G. i Paweł T. Pomocy potrzebował ponad 90-letni mężczyzna. Specjaliści zaopiekowali się pacjentem. Jak się później okazało, najpewniej „zaopiekowali się" także jego oszczędnościami…

Z mieszkania staruszka zniknęło 78 tysięcy złotych. Rodzina powiązała to właśnie z wizytą ratowników. Zgłosiła sprawę policji, a ta 7 grudnia przekazała sprawę do Prokuratury Rejonowej Warszawa Śródmieście. Dzień później przeszukano mieszkania trzech ratowników, wszyscy zostali zatrzymani.

Źródło: warszawa.wyborcza.pl, grudzień 2017.

J., ORDYNATOR DUŻEGO SOR-U:

Zaczynałem pracę w pogotowiu ratunkowym chyba w 2001 roku. Stara kadra albo wymierała, albo była już na emeryturach, albo na odwykach. Bo dawniej do pogotowia szli często lekarze, którzy wcześniej gdzieś nawalili. Sanitariuszami byli ludzie, którzy odrabiali wojsko, albo tacy, którzy nigdzie indziej się nie nadawali. To była specyficzna robota. To, co się działo na wizytach, raz było lepsze, raz było gorsze, a gdzieniegdzie mogły się zdarzyć dantejskie sceny. Pamiętam, jak mój kolega pojechał na wizytę z przygodnym zespołem. Resuscytacja absolutnie nieudana. Nie było szans na uratowanie pacjenta. Po zakończonej akcji lekarz od sanitariusza i od kierowcy dostał działkę. Skąd? A wyjęli z pieniążków pacjenta, „bo jemu już nie będą potrzebne". Zgłosił sprawę i oparło się o prokuraturę. Gnój zrobił się nieziemski w tej stacji pogotowia, gdzie kolega pracował.

WOJTEK, LEKARZ,
WETERAN POGOTOWIA I SOR-U:

Pamiętam okres przejściowy. Wtedy bardzo dużo w pogotowiu przejeździłem, jednocześnie pracując w izbach przyjęć i poradniach, po 400–600 godzin w miesiącu.

Ile?

No mówię panu! Żona to mnie widziała tylko w niektóre weekendy. Tak było, tak wszyscy pracowali przy tamtych stawkach. 2001 rok i pięć złotych za godzinę! Inaczej się nie dało.

I jak pan wspomina tamte czasy?

Było wielu wspaniałych ludzi, ale przecież trzeba jasno powiedzieć, że środowisko przyciągało także rozbitków życiowych, medycznych, zawodowych. Najgorsze było środowisko sanitariuszy i kierowców. To tam rzeczywiście zdarzały się różne złe rzeczy.

I co się z nimi dziś dzieje?

Z sanitariuszy i kierowców wyszli pierwsi ratownicy. Ale przecież nie z tych najgorszych. Bo ci, co zrobili specjalizację ratownika, to nie są tacy źli, prawdziwym gamoniom się nie chciało zrobić.

I gdzie są?

Wielu z nich nie żyje, bo poalkoholowa marskość wątroby wykasowała ich wcześniej.

* * *

Największym skandalem w historii pogotowia była sprawa „łowców skór". Zaczęło się od sprzedawania informacji o zmarłych pacjentach firmom pogrzebowym, ale potem poszło dalej – by zyski były większe, pacjentów celowo uśmiercano (udowodniono to dwóm sanitariuszom). Z rozmów z pracownikami pogotowia wynika, że o procederze wiedziało bardzo wielu lekarzy i sanitariuszy. I że nie ograniczał się do przypadku Łodzi – który opisali reporterzy „Gazety Wyborczej".

ZYGMUNT,
RATOWNIK MEDYCZNY:

„Skóry" i wszystkie ciemne sprawki otaczała zmowa milczenia. Ten, kto ją usiłował przerwać, stawał się wyklęty. Fama donosiciela ciągnęła się za nim. Mogłeś się przenosić ze stacji do stacji, ale głuchy telefon działał.

Skąd wiesz?

Bo kiedyś mnie spotkała taka infamia. Zaprotestowałem, bo pewien „kolega" obmacywał młode narkomanki. Zapinał w pasy i... mówię tyle, co widziałem. Czy było coś więcej, mogę się jedynie domyślać. Zgłosiłem to.

I zostałeś donosicielem?

Tak, ciągnęło się to latami. Ale jakoś przycichło. Po takich akcjach łatwiej zrozumieć, w jaki sposób możliwe były takie nadużycia jak historia „łowców skór". Do tej pory odbija się to czkawką.

Jak?

Wchodzisz do domu, a babcia od progu: „Tylko mi pawulona nie dawajcie". Przyjeżdżasz ratować życie, a patrzą na ciebie jak na mordercę. Ale sami sobie jesteśmy winni. O „łowcach" wiedziało wiele osób, ale obowiązywała zmowa milczenia. Nikt nie chciał się narażać na infamię.

* * *

O tym, że proceder był znany, mówili mi lekarze i sanitariusze jeszcze podczas zbierania materiałów do książki *Mali bogowie*. To opowieść byłego pracownika pogotowia:

W pogotowiu wiedzieli o tym wszyscy. Trwało to długo, aż w 2002 roku ukazał się tekst *Łowcy skór* w „Gazecie Wyborczej". Do tego czasu biznes kręcił się doskonale. W szczycie dostawało się dwa tysiące od skóry. Generalnie pieniądze szły do podziału między trzy osoby: kierowcę, sanitariusza i lekarza. Odpalało się też dyspozytorowi. Dyspozytor – kiedy był zgon albo coś mogło skończyć się zgonem, zawiadamiał zaprzyjaźniony zespół. Zespół stwierdzał śmierć i dzwonił do zakładu pogrzebowego. Zakład pogrzebowy płacił za to, czyli płacił za skórę.

Z czasem zaczynało dochodzić do bardzo ponurych historii. Dyspozytor wysyłał zespół, który znajdował się najdalej od osoby umierającej, opóźniano reanimację osób starszych. Wszystko z chęci zysku. Bywało, że w ciągu dwunastu godzin dyżuru było siedem zgonów. To były już potężne pieniądze. Sanitariusz miesięcznie zarabiał 1400–1600 złotych, a od skóry dostawał 500 złotych. Czasem panie z kasy na pogotowiu dzwoniły z wezwaniem po wypłatę, bo ludzie zapominali się zgłosić. Chciwość robiła się niebezpieczna, ludzie ścigali się do skór. W jednej dzielnicy zawiązała się nawet spółdzielnia. Trzy zespoły plus dyspozytor dzielili się między sobą pieniędzmi niezależnie od tego, kto pojechał po „skórę". Dzieliło się po równo, więc mogłeś przespać cały dyżur, a rano czekała na ciebie kasa. Ale to już się skończyło.

ROZMOWA Z LEKARZEM Z WARSZAWY, PO PÓŁ ROKU ZREZYGNOWAŁ Z PRACY W POGOTOWIU:

Co pana wykańczało najbardziej? Stres?

(śmiech) Stres? Pamięta pan sprawę „skór"?

Ale to było w Łodzi.

W Łodzi? Niech pan przestanie. Wierzy pan, że Łódź była jakaś szczególna? Bez przesady. Przyszedłem do pogotowia i zaraz zrozumiałem, że tak to działa.

Jak się pan domyślił? Nie ukrywali tego przed panem?

Nie. Wręcz przeciwnie. Oni się chcieli dzielić pieniędzmi ze wszystkimi. Nawet ze studentami medycyny, którzy przychodzili do pogotowia, żeby praktykować. W tamtych czasach wielu z nas studiowało medycynę po to, by zmieniać świat. No więc przychodzili do pogotowia i zderzali się z brutalną rzeczywistością. Dla nich albo dla młodych lekarzy to było szokujące.

Mówi pan, że dzielili się pieniędzmi ze wszystkimi, czyli...

Tak, ze wszystkimi. To zresztą było dużo więcej niż dzielenie się pieniędzmi. To było dzielenie się winą. Wziąłeś, więc też za to odpowiadasz. Nie możesz donieść, nie możesz zaprotestować, bo bierzesz w tym udział. Też jesteś winny.

Coś konkretnego zapamiętał pan z tamtego okresu?

Tak. Dostajemy informację: „Adres taki a taki, pacjent taki a taki, ustanie krążenia". I nagle głos pani doktor dyżurnej: „Nie śpieszymy się, już kupiłam drzwi do domu za trzydzieści milionów".

Trzydzieści milionów?

Tak, jeszcze przed denominacją w 1995 roku. Te „trzydzieści milionów" mam do dziś w uszach. Wtedy pomyślałem, że muszę się zwolnić.

ARTUR,
RATOWNIK MEDYCZNY:

Dopiero zaczynałem robotę w pogotowiu. Na tę panią mówili: „Doktor Śmierć". Ona pracowała na SOR-ze. Kiedyś przywozimy starszego pana – ja i lekarz anestezjolog. Wzięliśmy go z domu. Żona zapłakana. Siwa pani. Pomyślałem, że oni się bardzo kochają. Tacy mili dziadkowie. W karetce z pacjentem było źle. Jak już byliśmy w szpitalu, gość się zatrzymał. Reanimujemy. Nagle wchodzi pani doktor. Mój anestezjolog odsuwa się, ustępuje miejsca. Staje oparty o framugę drzwi. Ja dalej uciskam klatkę. Pani doktor daje mi sygnał, żebym przestał. Pacjent podłączony do aparatury, do monitora. Cisza, cisza, cisza, pzdryk! Cisza, cisza, cisza, pzdryk! Czyli jednak serce pracuje. Pracuje! Linia za nic nie chce się wyprostować.

No, ale jeśli nic się nie będzie robiło, to dziadek naprawdę umrze. Pani doktor milczy. Daje znać, żebym przerwał. Za każdym „pzdryk" pani doktor tylko cmoka i kręci głową. Jakby była niezadowolona, że dziadzio trzyma się życia. Cisza, cisza, cisza, pzdryk!

Cmok! Cisza, cisza, cisza, pzdryk! Cmok! No, kurwa, umrze! Patrzę na „swojego" lekarza. On nic. Oparty o framugę. Uciskam klatkę. Trzydzieści sekund. Pani doktor znów daje sygnał, żeby przerwać. Chryste! Za pierwszym razem może i było to uzasadnione. Chciała zobaczyć, jaki to umierające serce ma rytm, wyrobić sobie opinię, nie wiem co jeszcze. Ale teraz? Wiadomo, że jak organizm ma załapać, to trzeba pompować ze dwie minuty. Trzydzieści sekund to zupełnie bez sensu. Ale przerywam. I znów: cisza, cisza, cisza, pzdryk! Cmok! Cisza, cisza, cisza, pzdryk! Cmok!

– Pani doktor?

– No, proszę!

Znów historia się powtarza. I następna kolejka taka sama. Tak się nie uratuje człowieka, każdy to wie. W końcu pani doktor mówi, że kończymy, że to nie ma sensu. Musimy zebrać wszystkie swoje klamoty i odnieść do karetki.

Biorę swojego lekarza na stronę i pytam szeptem:

– Proszę mi wytłumaczyć, co tu zaszło? Nie rozumiem, dlaczego to tak było?

On tak na mnie popatrzył i mówi:

– Właśnie poznałeś „Doktor Śmierć". To była ona.

Aha. No dobra. Zbieram te rzeczy i idę do karetki. A na korytarzu siedzi małżonka starszego pana, który za ścianą dogorywa i którego nikt nie ratuje. Naturalnie mnie poznała. Szuka kontaktu wzrokowego, ale ja odwracam głowę. Udaję, że jej nie widzę. Ona nie ośmiela się do mnie zagadnąć. Bo przecież ratowałem jej męża. Jestem bohaterem, Bogiem. Chciałaby pewnie zapytać: „Jak mój kochany mąż? Czy wszystko będzie dobrze? Przywiozłam mu piżamę. Kiedy wróci do domu? Bo my tak razem od zawsze".

I co miałbym jej powiedzieć? Niosę te klamoty. Wrzucam do karetki. I znajduję w niej sztuczną szczękę należącą do tego starszego pana.

– Doktorze, co z tym robić?

No co? Durne pytanie. Trzeba iść i zwrócić małżonce. I to byłby dobry moment, żeby się zbuntować. Powiedzieć starszej pani, co zaszło. Jak wyglądała reanimacja. Że jedna taka lekarka przed chwilą zabiła pani męża.

Ale nie zrobiłem nic. Bo to bez sensu. Pani „Doktor Śmierć" wykręciłaby się ze wszystkiego. Skoro wszyscy ją tak nazywają, to przecież wszyscy wiedzą, kim ona jest. A mimo to pracuje. Co to znaczy? Doktor nigdy nie doniesie na doktora. Wytłumaczył mi to „mój lekarz" i dołożył piękną opowieść: „Na chirurgii jest ordynator. Ręce mu tak latają, że masłem chleba nie posmaruje. Ale lubi operować i wywija nożem na sali. Chyba nie bardzo zdaje sobie sprawę, że bardzo szkodzi pacjentom. Natomiast inni lekarze widzą to doskonale. Logiczne byłoby, gdyby poszli z tym do dyrekcji albo do Izby Lekarskiej, albo dokądkolwiek, żeby przerwać ten horror. No ale lekarz na lekarza nie doniesie. Z drugiej strony to przecież normalni ludzie. Głupio im patrzeć, jak ich szef zabija ludzi. Wymyślili więc taki system: oni zaczynają operację ciut szybciej i wysyłają jakiegoś młodego, żeby przejął ordynatora na korytarzu i zagadał:

– Panie doktorze, czytałem taki artykuł w „Lancecie"...

– Ale ja się śpieszę...

– Pan jest dla mnie autorytetem. Proszę, tylko jedno pytanie.

Młody ma zadanie, żeby gadać jak najdłużej. A ci, co są na sali, usiłują doprowadzić operację do takiego etapu, żeby stary nie mógł już nic spierdolić".

– Tak że wiesz – mówi do mnie „mój" lekarz – za dużo nie wywalczysz. Nikt cię nie poprze, pójdzie za tobą fama donosiciela. W końcu wylecisz z roboty albo przez budzenie niezdrowej atmosfery, albo wsadzą cię na jakąś minę. Gdzie indziej roboty też nie znajdziesz. Zawsze zapytają cię o wcześniejsze miejsce pracy. Potem wykonają telefon i już wszystko będzie jasne. Moja rada: odpuść, skup się na sobie, rób dobrze swoją robotę.

No i skorzystałem z tej rady. I nie mam sobie nic do zarzucenia. Uratowałem wielu ludziom życie. Pewnie jakaś babcia tańczy dzięki mnie na weselu wnuczki, ktoś ma normalne życie mimo zawału, mama się cieszy, że synek walnięty przez samochód żyje i dobrze się uczy. Ale, nie przeczę, czasem, mimo upływu lat, przypomina mi się ta historia ze sztuczną szczęką.

LESZEK,
RATOWNIK MEDYCZNY:

Nie dajmy się ponieść. Bo nam wyjdzie, że w pogotowiu pracowali sami mordercy. Były patologie, ale głównie była chęć ratowania ludzkiego życia. Teraz ratownicy są po studiach. Na rynku pojawiły się prywatne firmy, które wygrywają przetargi NFZ. Wzrosła konkurencja. Prywaciarze startowali z nowymi ambulansami. W ten sposób wymusili zmianę sprzętu na podmiotach państwowych i samorządowych. Z korzyścią dla nas i dla pacjentów.

WOJTEK, LEKARZ,
WETERAN POGOTOWIA I SOR-U:

Jak jest ostra reanimacja, to nie ma czasu powiedzieć: „Pani Krysiu, byłaby pani uprzejma podać mi to czy tamto". Wyciągam rękę i dostaję to, czego potrzebuję, bo ona wie, że zaraz będę tego potrzebował. Wyciąga ampułki z lekami, które będą podawane, ja decyduję o kolejności, ale ona już wie, że te leki będą potrzebne. Na tym polega zespół. Taki miałem, jak jeździłem na erkach. Jedna zmiana była licha, ale trzy pozostałe były genialne. Praktycznie nic nie musieliśmy mówić, każdy wiedział, co ma robić.

Pracujemy w ciszy. Najwyżej pojedyncze słowa: adrenalina, wkłucie, dawaj rurkę. To jest świetna praca, naprawdę ogromna satysfakcja pracować z takimi ludźmi.

A pan ma jeszcze radość z tego powodu, że uratuje pan życie człowiekowi?

Oczywiście. Ja mam fun w ogóle z tej pracy! Po ponad trzydziestu latach ciągle mi nie przeszło. Czasem mi się tak śmiesznie ułożą dyżury, że mam cztery czy pięć dni wolnych. Trzeciego dnia zaczynam się już niepokoić: właściwie co ja tu robię? O co tu chodzi? Dlaczego ja nie jestem w pracy? Takich jak ja jest pełno.

FRAGMENTY DYSKUSJI STUDENTÓW MEDYCYNY I LEKARZY NA FORUM MEDFOR.ME:

Nie oszukujmy się – medycyna ratunkowa to harówa, stres, smród, brud, syf za marne pieniądze. (...)

Myślę, że gdyby ratunkowa była taka dochodowa, to byłaby oblegana, a raczej nie jest. To zdecydowanie specjalizacja tylko dla pasjonatów. Więc jak ci się podoba... Ale ja myślę, że kto na to pójdzie, to przegra życie. (...)

Co do tego czy specjalizacja jest oblegana, czy nie, to też zależy od specyfiki – większość ludzi, zauważ, brzydzi się brudu i syfu – 80 procent lekarzy nawet nie siedziało w karetce, bo się tego brzydzą. (...)

Jakby ratunkowy dostawał 200 zł brutto za godzinę, to ten syf by tak bardzo nie przeszkadzał jak teraz, choć oczywiście wielu by na to nie poszło za żadne pieniądze. (...)

Ja dorabiam jako informatyk, kolega dorabia jako barman – każdy się chwyta tego, co umie. (...)

Jeszcze jest opcja „zawód syn/córka" – rodzice finansują swoje kochane dziecko albo opcja „zawód żona/mąż" – bądź co bądź dużo osób leci na takich relacjach. Pozostali jeżdżą w karetkach, robią w POZ, robią dziesiątki dyżurów, a w końcowym rozrachunku nie mają w ogóle życia. (...)

Praca w karetce wcale nie jest taka obrzydliwa – po prostu na oddziale lepiej płacą, a praca w karetce uchodzi raczej za mało rozwojową. (...)

* * *

Zastanawiałem się, po co ludzie się na to piszą. Sześć lat medycyny? Staż? Rezydentura? Żeby taplać się we krwi i odchodach?

Kiedy spotkałem Elżbietę, nie mogłem uwierzyć, że jest lekarzem medycyny ratunkowej. Ratowanie kojarzyło mi się z wielkimi facetami. Takimi, co klną i jak trzeba, potrafią przyłożyć. Ryzykanci, łowcy przygód.

A ona? Bardzo delikatna, ubrana z gustem, zadbana. Bystra, czyta w myślach, hipnotyzuje rozmową.

Czekała na mnie w kawiarni.

– To pani?

– Tak.

– Przepraszam za spóźnienie. Ja nie spodziewałem się...

Uśmiechnęła się tylko, zgadując powód zakłopotania. Pasowały do niej jakaś wielka klinika, biały wykrochmalony fartuch, stetoskop, sznur zachwyconych studentów.

– Dlaczego pani się zdecydowała na te karetki, na ten SOR?

– Gdzie indziej po prostu bym się udusiła. Ja nie cierpię statyki w życiu. Jak wszystko jest przewidywalne, to mnie zabija. Próbowałam spokoju. Chyba bardziej dla moich rodziców, bo jak mama usłyszała, że chcę robić medycynę ratunkową, dostała spazmów. W ogóle rodzice byli bardzo niechętni mojemu pójściu na medycynę. Skoro się uparłam, usłyszałam: „Trudno, ale lekarz powinien mieć gabinet, a nie wycierać się po karetkach". Próbowałam pracy w szpitalu na normalnym oddziale. Piątego dnia pracy po południu wróciłam do domu. Rąbnęłam drzwiami.

– Znowu? – pyta mąż.

– Znowu, i to już ostatni raz.

– Dlaczego?

– Bo złożyłam wypowiedzenie.

I to było pięć dni, które mi wystarczyły i pozwoliły mi wrócić do pierwotnych planów, czyli do medycyny ratunkowej. To moja pierwsza specjalizacja. Wcześniej myślałam, że będę ginekologiem położnikiem, ale po piątym roku wsiadłam do karetki i tak już zostało, i tak zostanie.

– Jak pamięta pani początek?

– Początek jest bardzo trudny. Człowiek naczyta się książek, dużo się uczy. A potem zostaje sam na sam z pacjentem, który wymaga reagowania już, tu i teraz. Nie ma się kogo poradzić. W karetce nie ma „starszego". Nawet na SOR-ze jak stoi się przy pacjencie, trzeba podjąć decyzję. Na szukanie kolegi nie ma czasu. I na początku człowiek jest zestresowany. Jak schodziłam z dyżuru, miałam wrażenie, że ktoś ze mnie spuścił powietrze.

– A potem?

– Już jakoś idzie, adrenalina uzależnia. Jak jest za spokojnie, jak nic się nie dzieje na dyżurze, to dostaję głupawki. Patrzę na zegarek, no dobra, jakiś wyjazd by się przydał. Dla ludzi, którzy wybierają medycynę ratunkową z przekonania, adrenalina jest po prostu hormonem walki. Jeśli u kogoś adrenalina jest hormonem ucieczki, to momentalnie się wypali, to go po prostu zniszczy.

– Słyszałem, że w medycynie ratunkowej są dwa typy lekarzy – jedni, którzy zakochali się w tej adrenalinie, a drugi typ to ci, którzy nie mają innej możliwości.

– Tak jest, ale czy jest dużo takich, którzy gdzie indziej się nie załapali? Oni się bardzo szybko wykruszają, nie da się tak. Jakbyśmy mieli jeszcze określić trzeci typ lekarzy ratunkowych, to są ci lekarze, którzy nie nadają się do pracy w całym systemie, czyli nadają się do pracy w karetce, ale nie sprawdzą się w SOR-ze. Przyjaciółka jeździ w karetce. Jest fantastyczna. Tylko pacjent i ona. Ale próbowała pracy w SOR-ze. I kiszka. Dla niej zajmowanie się kilkunastoma nagłymi pacjentami naraz jest nie do ogarnięcia.

Rozdział IV

Haj

* * *

Dni upływały w smrodzie wódki, sików i rzygowin. „Leżaki", czyli pijacy zbierani z ulic albo narkomani, z każdym dniem mieli w moich oczach coraz mniej cech ludzkich. Zmieniali się powoli w przykry obowiązek.

A Anka trafiła mi się na pierwszym dyżurze. Zastanawiałem się, czy polecenie szefa zespołu: „Pierdolnij ją!" było na serio, czy miało tylko nastraszyć, postawić do pionu, zdyscyplinować naszą pacjentkę, Ankę – narkomankę.

NOTATKA Z AMBULANSU

Ledwie zamknęły się drzwi karetki i coś się zmieniło. Odczułem to natychmiast. Tam, za drzwiami, po drugiej stronie, Anka była kimś innym. Miała matkę gotową nieść za nią do szpitala torbę z ciuchami. Ojca, który jej nienawidził, ale przecież ciągle był ojcem gotowym stanąć w obronie.

Anka miała nawet córeczkę. Mała była ładna, ale chyba nie do końca była świadoma, że to Anka jest jej biologiczną mamą, bo przez cały czas trzymała się babcinej spódnicy.

Anka miała także sąsiadów – gapiów. Zza poszarzałych szyb swoich mieszkań jak widzowie w teatrze śledzili rozwój wydarzeń.

Kiedy tylko Anka zaczynała wyć, powtarzali sobie:

– Zaraz po nią przyjadą.

Kiedy błękitne światła odbijały się od ścian budynków i sufitów ich mieszkań, wiedzieli, co się kroi:

– Zaraz ją zabiorą.

W końcu byli przypadkowi przechodnie – tacy, którzy nie mogli wiedzieć, kim ona jest – ale i oni byli jakąś gwarancją bezpieczeństwa.

Po tamtej stronie nawet my byliśmy inni. Chłodni, nieugięci, ale inni: – Pani Anno to, pani Anno tamto, niestety nie możemy tego zrobić, gdyż nie jesteśmy taksówką. Zwracaliśmy się do niej może z niepotrzebną ironią, ale na pewno bez chamstwa.

Ale teraz za Anną zatrzasnęły się drzwi ambulansu. Od tej chwili była wyłącznie w naszej mocy. Można było skończyć z teatrem.

Szef zespołu (jeździłem wtedy z Arturem, doświadczonym ratownikiem) wydał rozkaz:

– Zapinamy ją w pasy.

Anka: – Kurwa, co?

Artur: – W pasy. I to szybko.

I zapinaliśmy ją – najpierw wokół piersi, potem wokół bioder, a w końcu związaliśmy jej nogi.

Anka skowyczała: – Ale ja nie chcę, no!

Odpowiedziało jej milczenie. Ambulans ruszył.

Artur do mnie: – A ty patrz na nią.

– Dobra.

– I jak odepnie pierwszy pas, to ją pierdolnij.

– Co?

– Pierdolnij ją. I zaraz mi powiedz, to się zatrzymamy i wpierdolimy jej wszyscy.

Anka płacze: – Kurwa, wszystko, kurwa, słyszałam! Wszystko!

Artur: – A po co ja to mówię? Żebyś słyszała, nie?

Anka: – No kurwa! Już od psa po ryju dostałam, za posiadanie, no! Za dilerów by się wzięli.

Artur: – Ty, Anka, jakby się wzięli, to skąd byś brała herę, co?

Anka: – Chcę z tego wyjść!

Artur: – Co ty pierdolisz?!

Telepie ją kolejny skurcz: – No chyba tak.

Artur: – Co chyba tak?

Anna: – Chyba jestem za stara na te odwyki, kurwa, nie? Siada mi coś w głowie.

Patrzę na nią. Bardzo chuda, bardzo zniszczona i jeszcze to podbite oko. Wrak jakiś. Pytam Artura, czy kiedyś była ładna.

– Może kiedyś... Ale teraz obciąga każdemu za kilka groszy... Ma hifa i strasznie taka zrobiła się syfiasta.

Znają ją. Jak dostajemy wezwanie, od razu wiadomo, co jest grane. Artur, zanim jeszcze wysiedliśmy z karetki, mówi wyraźnie, żeby do nas dotarło: – Panowie, uwaga, bo ona jest zarażona.

Oczywiście sąsiedzi w oknach. Matka przed klatką:

– Matką jestem!

Nawet ojciec przyszedł: – Nie mieszkam tu! Przeniosłem się na działkę.

Na działkę? Temperatura późnojesienna, zaczyna oscylować w pobliżu zera.

Ojciec: – Ale teraz trzeba pilnować.

Matka: – Mówi, że się rzuci!

Ojciec: – I niech się kurwa rzuci!

Matka: – Co ty, jak możesz – i łka w przedpokoju.

Ojciec: – Mówię, że wolałbym widzieć ją w trumnie niż tutaj – kiwa głową w stronę pokoju. Tam leży Anka.

Matka: – Co mówisz? – znowu łka.

Ojciec twardo: – Ale zabrać trzeba! Bo otwiera piekarnik: „Ja was, kurwa, wszystkich wysadzę, do nieba!". Taka jest zacięta.

Artur reaguje chłodno: – Zobaczymy.

W końcu wchodzimy. W pokoju syf. Rozkładana kanapa, pościel, jakieś szmaty, a pod szmatami coś się trzęsie. Tak, to będzie ona.

Rozglądam się po mieszkaniu. Takie zwyczajne, w bloku. Meble standardowe z lat osiemdziesiątych. Jakiś wazonik. Widoczek. Czyli jak Anka była dzieckiem, miała normalną rodzinę. Rodzice pracowali, mieli przyjaciół, dbali o córkę, oszczędzali na meblościankę ze Swarzędza. Potem wszystko się skończyło, urwało, zaczęło trwać w rytm jej narkotycznych ciągów.

Spod szmat wyłania się głowa Anki. Patrzy szklanymi oczami:

– Zrób mi zastrzyk, co? No zrób!

Mimo swojej fizycznej obrzydliwości, sklejonych włosów, przepoconego, śmierdzącego ubrania jest przymilna, kocia, pewnie myśli, że kusząca. Marzy o relanium, które przyniesie ulgę.

– Zrób mi rolkę, no zrób.

Nie wolno jej zrobić. Jak dostanie rolkę, czyli relanium w ampułce, to już zawsze będzie dzwoniła po karetkę na głodzie. Można ją zostawić albo wziąć do psychiatryka. W psychiatryku dostanie lekarstwa i jej ulży. Odpuści i znów wróci do ćpania.

Artur: – Nic pani od nas nie dostanie. Ma pani zespół odstawienny.

Anka: – No co ty, kurwa, powiesz! Daj rolkę, no daj.

Artur: – Proponuję, że zabiorę panią do szpitala.

Ojciec: – Trzeba, koniecznie trzeba zabrać. Bo ten piekarnik.

Artur: – Pani musi wyrazić zgodę. Jedzie pani?

Anka: – No daj rolkę.

Artur: – Jedzie pani?

Anka: – Pojadę, kurwa.

Matka: – Masz, Aniu, rzeczy.

Anka: – No co ty, matka?

Artur: – Rzeczy nie bierzemy. To nie taksówka. Jeszcze coś zginie.

Matka: – Przywiozę ci, dziecko, jutro.

Artur: – To niech pani wkłada buty. Idziemy.

Kiedy już zapięliśmy ją w pasy, ruszyliśmy i obiecaliśmy wpierdol, Anka popatrzyła na nas jakoś dziwnie:

– A wy tak z powołania?

– Co?

– Jeździcie w tej karetce. Bo ja byłam kiedyś pielęgniarką. Z powołania!

Artur zaczął się śmiać, brzydko, zaraźliwie:
– A my, kurwa, dla kasy.

– Wiesz co? Pochyl się, coś ci powiem. – Mrugnęła do mnie Anka tym niepodbitym okiem. Pochyliłem się ostrożnie, tak żeby nie złapała mnie kikutkami czarnych zębów za ucho. W końcu ma hifa!

– Wiesz co? Nie chce mi się już z tobą jechać do tego szpitala – wyszeptała i popatrzyła na mnie z obrzydzeniem.

ZYGMUNT,
RATOWNIK MEDYCZNY:

Dziewczyna po dopalaczach. Co brała? Kto jej dał? Leży na przystanku przed hotelem z pokojami na godziny. Obok koledzy, koleżanki.

– Co brała?

– Spierdalaj!

– Muszę wiedzieć, co brała.

– Spierdalaj. Ratuj ją.

Mają w dupie. I można tylko liczyć na cud. Bo co można zrobić? Wypłukać? Na toksykologię nawet nie będą chcieli przyjąć, bo skoro nie wiedzą, co brała, to nie będą wiedzieli, co jej podać na odtrutkę. Ja nawet rozumiem lekarza. Bo co on zrobi? Jak ma się domyślić, co dziewczyna zażyła? No, paranoja. Będzie patrzył, jak mu umiera?

A ona się ocknęła w karetce i mówi:

– Umrę?

– Chyba nie umrzesz.

– Dziękuję bardzo. Koledzy mi coś do wódki dosypali. A miała być impreza i mały seks.

Po zmasowanej akcji wymierzonej w handlarzy dopalaczami przeprowadzonej w 2010 r. liczba osób zatrutych tymi środkami spadła w ciągu roku 2011 r. z 562 do 176, ale już w kolejnych latach – pomimo przeprowadzania kontroli przez inspekcje sanitarne – systematycznie rosła, aż do 2015 r., kiedy to odnotowano rekordową liczbę ponad 7 tys. takich zgłoszeń.

Barierą w sprawowaniu efektywnego nadzoru nad dopalaczami przez inspekcję sanitarną była m.in. długotrwała i obwarowana licznymi wymogami procedura administracyjna. Handlarze dopalaczami z chwilą podjęcia czynności przez Państwową Inspekcję Sanitarną kończyli działalność, a następnie otwierali kolejną pod zmienioną nazwą.

Państwowa Inspekcja Sanitarna nie posiadała uprawnień i narzędzi, aby móc skutecznie zapobiegać wprowadzaniu do obrotu dopalaczy za pomocą sprzedaży bezpośredniej lub poprzez internet.

Producenci środków psychoaktywnych są w stanie szybko zmodyfikować ich skład, tak aby substancje zawarte w dopalaczu nie znajdowały się na liście substancji zabronionych i „wymknęły się" spod zakazu sprzedaży. W ten sposób organy państwa pozostają nieustannie o krok za podmiotami wytwarzającymi i wprowadzającymi dopalacze do obrotu.

Organy Państwowej Inspekcji Sanitarnej w latach 2010–2016 wymierzyły blisko 65 mln zł kar, jednak do budżetu państwa wpłynęło zaledwie 1,8 mln zł (3 proc.).

Źródło: Najwyższa Izba Kontroli,
wyniki kontroli z czerwca 2017, fragmenty.

J., ORDYNATOR DUŻEGO SOR-U:

W latach dziewięćdziesiątych dużo było heroinistów. Przyjeżdżaliśmy do gościa leżącego na ławce. Jak tylko usłyszał nazwę narkan albo nalokson, to chociażby nie wiem w jakich był odmiennych stanach świadomości, to się pionizował: „Tylko nie narkan". Bo narkan odwracał działanie narkotyku. Czyli pacjent wydał kupę pieniędzy na heroinę, a tu ułamek sekundy i po haju. Nienawidzili tego.

ELŻBIETA,
LEKARKA MEDYCYNY RATUNKOWEJ:

To jest realne życie od podszewki. Ludzie zamykają się w swoich mieszkaniach, tworzą swój świat, mają trasę do Lidla, do Biedronki, z której nigdy nie zbaczają. Są zaklęte rewiry w mieście, w których ludzie żyją inaczej. Tylko tego się nie dopuszcza do głowy, żeby sobie nie robić przykrości.

Ja te rewiry znam. Tak więc po tylu latach pracy 3, 4 promile nie robią już na mnie wrażenia. Człowiek potrafi mieć pięć i w miarę równo idzie do łazienki. Nie wiem, jak to się robi, ale oni tak mają. Twardzi, pacjenci pełną gębą. Mój rekord to 44-latek z niewydolnością oddechową, zaintubowany, na respiratorze. Etanol oznaczony 7,6 promila. Najpierw toksykologia, potem po dwóch dniach na gastrologię, bo zrobił się żółty, wątroba się popsuła, bo 7,6 promila jednak robi swoje. Ja myślę, że byłabym pijana tydzień po tym, o ile w ogóle bym przeżyła. A on przeżył spokojnie.

Izba wytrzeźwień nie jest izbą wytrzeźwień. Bo przecież to uwłacza ludzkiej godności, żeby izba wytrzeźwień tak się nazywała, prawda? W Łodzi wymyślili tak, że izba nazywa się: Miejskie Centrum Terapii i Profilaktyki Uzależnień. Ładnie, prawda? Swego czasu to coś, co jest izbą, nazywało się Miejski Ośrodek Profilaktyki i Terapii Uzależnień, czyli MOPiTU. I taki wierszyk był popularny: „Nie trzeszczą schody, nie skrzypią drzwi, tatuś w MOPiTU grzecznie śpi".

STANISŁAW,
PIELĘGNIARZ NA SOR-ZE:

W takich małych miejscowościach jak moja nie ma izby wytrzeźwień. Czyli to wszystko ląduje na SOR-ze. Musisz takich obszczymurków podłączać do tomografu, szukać, czy ubezpieczony. Bo on nie wie, czy jest ubezpieczony, on nawet nie wie, jak się nazywa. I co możesz zrobić? Relanium. Zapinamy w pasy, łamiąc wszelkie standardy. Jest niby cała procedura. Karty do wypełniania, monitoring. A my na chama. No bo pacjent się wyrywa, chce się bić. A ja nie będę bił się z jednym pacjentem, kiedy mam jeszcze innych pacjentów, nie? (śmiech). Z reguły jak coś takiego się dzieje, to wzywamy policję, współpracujemy z nimi, nie ma problemu. Dobrze, jak na zmianie jest kilku chłopaków ratowników. Ale czasem zdarza się zespół kobiecy. Wtedy dziewczyny uciekają i chowają się, bo co robić, jak wariat chce się bić, rzuca krzesłami, łamie łóżka.

ROZMOWA Z ELŻBIETĄ, LEKARKĄ MEDYCYNY RATUNKOWEJ:

Czy chleją? O Jezu, bardzo chleją! Jak ma się dobry dzień, to można cały dzień jeździć i zbierać te „leżaki". Pamiętam, że raz aż się pokłóciłam z dyspozytornią. 15.00, a mnie już czwarty raz posyłają do pijanego. Czwarty raz parkujemy pod sklepem. Pochylam się nad tym zarzyganym, obsikanym obywatelem. Aż mną zatrzęsło.

Panią irytuje, że musi zbierać takich pacjentów?

Użyłabym innego słowa.

Nie po to pani jest, żeby ich zbierać?

Żebyśmy się dobrze zrozumieli. Ja ich badam tak samo jak każdego innego pacjenta. I z punktu widzenia profesjonalizmu to być może nawet lepiej się przykładam do nich, bo wiem, że to jest tykająca bomba. W naszym środowisku powszechne jest zdanie: „Jak pójść siedzieć, to za człowieka". Czyli badamy ich jak każdego, a nawet lepiej. A co sobie o nich mówimy między sobą, to jest już zupełnie inna kwestia.

Co mówicie?

W zespołach dobrze się znamy. Wiemy, że nic nie wychodzi na zewnątrz. Używamy więc słów powszechnie uznawanych, niech będzie, że za obraźliwe. Bo czasem człowiek ma dość. Widzi się tych ludzi, którzy pracują tylko po to, żeby mieć za co chlać. Albo nie pracują, a ich sensem życia jest chlanie. Czwórka dzieci. 500 plus. Tylko że te dzieci nie oglądają z tego ani złotówki. Bo mamusia jest na balu, a tatuś nawalony i w ogóle nieprzytomny. Dla policji przeważnie jest nieprzytomny.

Jak to?

Facet miota się, szarpie, z bańki próbuje pociągnąć, ale policjanci uważają, że jest nieprzytomny. Nieprzytomny, bo „leży, nie otwiera oczu i z nami nie rozmawia". Tacy specjaliści.

I co pani wtedy robi?

Wskrzeszam go.

Przyklęka pani, żeby sprawdzić, czy oddycha i...?

Ja nie przyklękam, bo mam dziecko. Jest sposób. Najpierw trzeba zobaczyć, gdzie ma rękę. Następnie wycelować butem w mały palec. Przydepnąć maksymalnie mocno. Jednocześnie z góry, donośnym głosem powiedzieć: „Halo, proszę pana! Czy pan mnie słyszy?". Najczęściej przytomność wraca. Oddech jest zauważalny. Następuje cudowne wskrzeszenie.

* * *

Stawanie na małym palcu nie jest w porządku. Ale nie mam sumienia potępiać Elżbiety. Sami doprowadzili siebie i rodziny do opłakanego stanu. Dlaczego ma ich wąchać, podcierać, szarpać się z nimi? Dlaczego ma być miła, skoro oni są chamscy?

Nie miałem pojęcia, że Polacy tak dużo piją i tak dużo ćpają. Każdego dnia, po kilka razy jesteśmy u pijaka.

NOTATKA Z AMBULANSU

– Pan się przesunie.
– Co?
– Na brzeg łóżka pan się przesunie. Ja dalej nie wchodzę, bo pan ma za małe cycki.
– Co?
– Czego pan nie rozumie? Włączy pan substancję szarą?
– Co?
– Nic, będę rozmawiał z pana kobietą.

Kobieta jest wielkich rozmiarów. Zapatrzona w swojego chłopaka alkoholika. W domu śmierdzi tanimi papierosami. Gorąco. Pałętają się jacyś ludzie – kobiety, jakby matki czy ciotki, półpijani koledzy.

– Ile on ma lat?
– Dwadzieścia cztery.
– Jak długo pije?
– Zawsze pije, przy mnie mniej.
– Mniej?
– No nie chcę, żeby odstawiał tak od razu, bo jeszcze padaczki dostanie. – Głaszcze go po włosach. – Tak, Przemuś, nie będziesz pił? Obiecał mi!

Obiecał. Potakujemy, rozumiemy, ale przecież widzimy – pół litra zrobione do połowy stoi przy łóżku, obok cola, fajki. Ona też widzi, że my widzimy, i on też. Czyli obiecał i pije, a ona mu odpuszcza. Wiadomo dlaczego – bo jest najgrubsza i najbrzydsza w całej wsi. Stać ją tylko na element „odpadowy", jakim jest Przemek – czyli gościa pełzającego gdzieś w okolicy dna.

Czasem jak jest trzeźwiejszy, można z nim wyjść, pokazać się – wtedy wszyscy widzą, że ona nie jest „taka ostatnia", że jednak ktoś ją chciał.

– To jak często pije?

– Nie dopuszcza do tego, żeby mieć kaca.

– Czyli stale?

– No, stale.

– A teraz?

– Boli go brzuch.

– Od dawna?

– Od tygodnia.

– No, proszę pani!

Ona spuszcza wzrok: „Musisz żyć Przemuś!".

Przemuś jest wymęczony. Ciśnienie na granicy dolnej normy.

– Możemy go wywieźć do szpitala.

Przemuś: – Nie chcę!

Uff, super. Pacjent odmówił. Nie trzeba go będzie wozić.

Ona: – Ale Przemuś, zamknij mordę. Pojedzie.

– Dobra. Poleży sobie na SOR-ze.

– Odtrują go?

– Na SOR-ze? Nie. Ponaciskają brzuch jak my i jeszcze palec w dupę włożą. Też powinienem panu włożyć palec w dupę.

– Tak? – Przemuś patrzy mętnym wzrokiem spod koca.

– Tak, ale się brzydzę. A tam panu wsadzą. Może się panu spodoba.

Ona: – Może go weźcie do psychiatryka. Na odtrucie.

– Odpada. Najebanych nie przyjmą.

– A jakby prywatnie?

– Ma pani wolne pięć stów?

– Dla niego akurat mam.

– To można, ale czy to pomoże? Najlepiej go pani wiezie na Kolską. Tylko trzeźwego.

– Tam pomogą?

– Też nie. Podleczą go, złapie pion, lepiej się poczuje, wyjdzie i pójdzie na piwko. I znów wszystko od nowa. Czyli co, panie Przemku? Jedzie pan na SOR?

W głowie Przemka powinna była wytworzyć się asocjacja: „SOR równa się palec w dupie, czyli nie jadę".

– Bu, bu, bu – zabełkotał.

– Jasne, czyli odmowa.

Ona: – Rano go zawiozę na Kolską. A możecie dać mi gwarancję, że mu się nic w nocy nie stanie?

– Gwarancję? Co pani? On się może przekręcić za godzinę.

– Tak?

– No, zniszczony bardzo jest tą wódą. Czy coś jeszcze z niego będzie, to trudno powiedzieć. Nie?

– No niby fakt.

W karetce wypisujemy kartę. O Przemku mówimy jak o używanym sprzęcie.

WOJTEK,
LEKARZ, WETERAN POGOTOWIA I SOR-U:

Z karetki wszystko widać inaczej. To nie jest prawda, że w Polsce nie ma wykluczonych. Są, my to widzimy.

Jak chleją, wylatują błyskawicznie na margines. Jeżeli są chorzy psychiczne, też są wykluczeni. A państwo deprawuje ubogich.

Jak?

500 plus powinno być tylko dla tych, którzy chcą podejmować pracę, starają się o to. Przyjeżdżamy do ludzi, którzy na bank są beneficjentami tego programu, widzimy nowy telewizor, komórkę ma każdy, a dzieci wyglądają jak ostatnie dziecko stróża, zaniedbane, zahukane. Kiedy widzą obcych, aż się garną, żeby ktoś z nimi porozmawiał.

Dwadzieścia kilka lat jeździłem w pogotowiu na zespołach reanimacyjnych, tak zwanych erkach. Doświadczenia szczególne. Powiem panu, że poznaje się prawdziwy przekrój społeczny. Co innego teoretycznie, socjologicznie o tym dywagować: „My, Polacy, to jesteśmy tacy albo inni". Co innego praktycznie się zetknąć. Zobaczyć to. To, że duża grupa ludzi zawęża swoje potrzeby do alkoholu. Sens życia jest w tym, że trzeba „wypić" i to jak najszybciej. Co się pije, jaki rodzaj alkoholu, jest sprawą trzeciorzędną. Za nimi są ludzie o potrzebach nieco bardziej rozbudowanych. Lubią pić – byle co, byle jak, ale w większym gronie. To są jedni z najczęstszych klientów pogotowia, bo w tym środowisku dochodzi do bójek, rozrób. Ale też do innych drobnych zdarzeń: „Przewrócił się, uderzył, leży pijany na ulicy".

To jest koszmar pogotowia. Przechodzi ktoś i widzi leżącego człowieka. Nie podejdzie, nie sprawdzi, nie szarpnie, nie spróbuje go doprowadzić do socjalizmu, jak mówią, tylko od razu sięga po komórkę. Ba, nie jest to często przechodzień, tylko ktoś przejeżdża samochodem i nie zatrzymując się, dzwoni, że tu na rogu ktoś leży na chodniku, jest nieprzytomny. To może być człowiek, któremu naprawdę coś się stało, jedzie karetka na sygnale, wyjeżdża cały zespół, a potem szarpie się z pijakiem.

NOTATKA Z AMBULANSU

Czwarta rano, wezwanie do zespołu abstynencyjnego. To już piąty raz dzisiaj! Nie uratowaliśmy nikomu życia, nie było sztucznego oddychania, podawania adrenaliny, uśmierzania bólu. Jeździliśmy do pijaczków. Bo zespół abstynencyjny znaczy, że pacjent nie ma wódki i go telepie. Zależy jak bardzo go „telepie". Mogą to być tylko nudności – czyli że gość rzyga. Mogą być bóle mięśni, halucynacje, napady padaczkowe. W ciężkiej, powikłanej formie nazywa się to delirium tremens, czyli majaczenie drżenne, i może prowadzić do śmierci.

Może zespół by się przejął, gdyby nie to, że jest czwarta zero zero.

Rafałek: – Do kaca nas, kurwa, wysłała! Że się nie wstydzi!

Marcin: – Dawniej się wstydziły! Musiała zadzwonić na telefon i już wtedy zaczynała się tłumaczyć: „Może pojedziecie, taka sprawa...". A teraz dupa, wpisuje to wszystko do systemu, wyskakuje u nas na tablecie i trzeba zapieprzać.

Zimno. Cały zespół wytoczył się spod kołder. Wciąga pomarańczowe gacie na tyłki, polary na grzbiety i powoli („Ty się tak nie śpiesz, niech gnoja potelepie") idziemy do karetki. Jak żyć?

– A może go walnę?

– A może lepiej policja i sprawa za nieuzasadnione wezwanie?

„Kto chcąc wywołać niepotrzebną czynność fałszywą informacją lub w inny sposób wprowadza w błąd instytucję użyteczności publicznej albo organ ochrony bezpieczeństwa, porządku publicznego lub zdrowia, podlega karze aresztu, ograniczenia wolności albo grzywny". To nasz ukochany artykuł 66 par. 1 Kodeksu wykroczeń. Obrońca ratowników.

– Policja? Masz sumienie budzić chłopaków?

– No, nie.

– To ja go walnę. Nie powstrzymam się. Zajebię mu. Zobacz, ile ma lat?

– Dwadzieścia cztery lata. Kurwa mać. Wzywa nas, bo ma kaca.

Dojeżdżamy do wsi. Brama otwarta na oścież. Ojciec „pacjenta" ubrany jak do kościoła stoi w poprzek drogi. Czeka na nas. Macha ręką. Pokazuje, jak wjechać, jak przyparkować.

Dom piętrowy. Tynk – jasny baranek. W światełkach naszych bomb ukazują się budynki gospodarcze – buda dla psa, obórka, drewno w stągwiach.

– Byliśmy tu kiedyś?

– Tak jakby. Ale chyba nie przez wódę.

Idziemy.

– Dzień dobry!

Matka z ojcem kłaniają się w pas: – Dzień dobry!

Nieszczęśnicy. Zwłaszcza matka, wymęczona, blada, prowadzi do pokoju syna.

– Co panu jest?

– Duszę się i mi żuchwa drętwieje. O tak. – Wyciąga żuchwę w górę na skos, żeby pokazać jak mu drętwieje. Przykryty kocem, spocony. Widać, że go naprawdę telepie. Ale dla nas to tylko kac.

– Dusi się pan?

Mierzymy saturację, czyli napełnienie krwi tlenem.

– No, 98. To ma pan lepszą niż ja. Ja palę fajki, a pan? Co panu właściwie dolega? Bo ja niczego nie mogę dostrzec.

Matka zaczyna długą i pokiętną opowieść. Jest w niej wypadek samochodowy, który uszkodził synkowi kręgosłup („A mówiłem, że tu kiedyś byliśmy! Pamiętam to podwórko!"). I tak dalej, i dalej, i dalej. Wiemy, czym opowieść się skończy – przecież napisała nam dyspozytorka, że gość ma delirkę. Ale chuj! Nikt tej kobiecie nie będzie pomagał. Niech się sama pomęczy, niech przezwycięży wstyd i powie w końcu, dlaczego nas wezwała o czwartej nad ranem.

– Mój syn pije...

– Aha, długo?

– Długo, od młodości.

– Ale ma dwadzieścia cztery lata, to jak od młodości?

– No, od dawna.

Od tej pory gość pod kocem staje się tylko skacowanym przedmiotem. Zwracanie się do niego następuje w formach bezosobowych:

– Palec tu włoży... odwróci się... Leczy się...

– Tak.

– Leczy? Co za pieprzenie?

– Tak, pobieram zasiłek rehabilitacyjny.

– Aha.

Teraz znów rozmowa z matką:

– I co było?

– Wypił dziś.

– Ile?

– Seteczkę.

– I co?

– I leki wziął.

– Jakie?

Matka wymienia całą aptekę.

– Aha. Czyli zasiłek rehabilitacyjny pobiera i chleje! Musimy zgłosić. Nie będzie już tej kasy. Koniec!

Twarz „pacjenta” wydłuża się. Rodzice też pomieszani. Nie będzie kasy, cholera!

– Pani syn jest alkoholikiem. I to go zabije. A pani mu w tym pomaga.

– Ja?

– Tak! Pierze mu pani skarpetki? Daje jeść?

– Tak.

– Po co on ma się zmieniać? Pije, ma gdzie mieszkać, ma gdzie spać. Umrze pewnie niebawem.

– Ale syn...

– Syn?... Alkoholik, który się nie leczy, stoczył się już zupełnie.

– I co my?

– Kupi pani gazetę, tam na ostatniej stronie są telefony. Jest taki zaufania dla rodzin alkoholików. Pani zadzwoni. Tam powiedzą co i jak.

– Zadzwonię.

– Jak pani uważa, to nie moja sprawa. Pan! (palec wskazujący na ojca, który cichuteńko stoi w progu). Za pięć minut podejdzie pan do karetki, wydamy kartę pacjenta. Dobranoc!

– Dziękujemy, dziękujemy. – Starzy zginają się w ukłonach.

Wypełnianie karty zajmuje piętnaście minut. Bo gdzie się śpieszyć, jak i tak nas obudzili.

Gotowe? Tak! Włączamy syrenę. Niech się sąsiedzi obudzą. Zobaczą, że było pogotowie.

– Nie ma litości!

– Nie ma!

Stary wybiega z domu jak do pożaru.
– Karta! Dziękuję, dziękuję!
– Do widzenia!
Jedziemy.
– Widziałeś, jak się wkurwili, że stracą zasiłek?
– O tak! To było dobre!
Jedziemy. Może zdążymy się jeszcze zdrzemnąć.

JAN,
POCZĄTKUJĄCY LEKARZ:

Co mną wstrząsnęło na początku pracy? Że są ludzie, którzy nie potrafią czytać i pisać, że są ludzie, którym podpis zajmuje piętnaście minut. Że są ludzie, którzy piją od dziesięciu lat i nie mają nic innego do zrobienia. To cała kultura: jeden monopolowy we wsi i jak ciepło, siedzą przed nim, a jak zimno, siedzą w środku. I niczego więcej nie potrzebują.

ELŻBIETA,
LEKARKA MEDYCYNY RATUNKOWEJ:

Wczoraj w nocy wywrzeszczałam, co miałam wywrzeszczeć, i wyszłam z wizyty. Człowiek daje się do czegoś takiego sprowokować! No, ale czasem tak jest.

Pojechaliśmy o godzinie drugiej w nocy do pana. Lat około sześćdziesięciu, w zespole zależności alkoholowej. W kolejnym ciągu alkoholowym, tym razem od tygodnia. Po trzech napadach drgawek.

Wchodzimy, pan sobie siedzi i go trzepie. Pytam grzecznie:

– Kiedy ostatnio pił alkohol?

Żona: – Dzisiaj tylko piwo dostał. Chce przestać pić.

Drążę dalej: – A co pana skłoniło do tak ryzykownej decyzji o zaprzestaniu picia?

On: – Bo bym chciał się leczyć.

Ja mówię: – Ale proszę pana, pogotowie pana problemu nie wyleczy.

On: – Ale ja miałem dzisiaj trzy napady drgawek.

Pytam, co to znaczy dzisiaj, w jakich odstępach po sobie były te napady.

Żona tegoż pana mówi: – To jest bez znaczenia.

Ja: – Proszę pani, ja tu ustalam, co ma znaczenie, a co nie, chyba że ma pani dyplom ukończenia uczelni medycznej. Jeśli pani ma, to będziemy sobie tak dywagować.

Więc pani mnie już poirytowała. W końcu dowiedziałam się, że miał jeden napad rano, po południu drugi, i jakieś 40 minut przed naszym przyjazdem trzeci. Nie ma co się dziwić! Jak jest padaczka poalkoholowa, to drga, prawda? Zbadałam i powiedziałam:

– Jeżeli miał pan trzeci napad, to cokolwiek byśmy zrobili, pewnie będzie miał pan czwarty napad.

I dodałam, że nie będę jechać do niego o czwartej nad ranem po raz kolejny, więc buty na nogi i do karetki.

A on: – Ja nie chcę nigdzie jechać!

I to mnie rozsierdziło! On, że w ogóle nigdzie nie chciał jechać, że nic nie wzywał, że żona wezwała karetkę!

I jeszcze ta żona: – No, weź, przestań, Mirek, przecież kobita specjalnie przyjechała!

Ko-bi-ta? No co to jest? Facet zachlewa mordę. Ktoś go zmusza? Czy upodlił się na własne życzenie? Pije tyle, że ma od tej wódy drgawy. Wzywają karetkę. On jeszcze grymasi, że nie chce jechać. A ja jestem kobita? Kobita z taksówki odwykowej?

– Tak? Widzę któregoś z państwa za dziesięć minut po kartę na dole, dla mnie koniec wizyty.

Walnęłam drzwiami i poszłam. Stoję na tym parterze, a moich chłopaków z zespołu nie ma! Włączyła im się empatia.

Wracam: – Co tu się wyrabia? Kącik porad uruchomiliście?

A oni się śmieją: – No, chłop chce się leczyć.

– Tak? On chce się leczyć, a my zapieprzamy spać.

Chłopcy jeszcze mówią: – Nie, nie, my tylko panu tłumaczymy, że jak na odwyk, to musi najpierw wytrzeźwieć, bo go nie przyjmą!

W końcu nie wytrzymałam: – E! Kur...! Gazem do karetki. A on jak chce na odwyk, to niech sobie tramwajem rano pojedzie!

* * *

Już wiem, że dla alkoholików będziemy bezwzględni. Dla ich żon też. Sami chcieli, sami zasłużyli, sami muszą to przecierpieć. Nie jesteśmy poradnią AA. Załatwiamy szybko i odmownie.

NOTATKA Z AMBULANSU

Ten rzekomo zasłabł w wannie. Zasłabł? Co brał? Gripeks. Jeden.

Marcin: – Kłamią, zawsze kłamią.

Sprawdzamy ciśnienie, oddech, cukier. (Bo przecież jak siedzieć, to tylko za człowieka).

– Jeden gripeks i co jeszcze?

Tabletki takie, śmakie, trzy red bulle. A sąsiadka bierze mnie pod ramię, szepce:

– Panie, on się najebał cichaczem przed żoną. Najebał się, jak wrócił z roboty.

Wiem! Przecież czuję.

– Zawód?

– Blacharz.

– Kontakt z farbami, toksynami?

– Tak.

– Przynajmniej roboty nie zabraknie.

– Nie zabraknie. Tylko żeby się jakoś wyprostować, wyjść z tego.

– Z czego?

– No, piję trochę. Może ta terapia.

Marcin się dziwi: – Pan chodzi na terapię?

– Tak.

Żona: – Przecież nie chodzisz.

Blacharz: – Ale myślę, żeby pójść, prawda. – Patrzy jak spaniel na żonę i na nas. Chce wsparcia, zachęty. Od każdego może dostać, tylko nie od nas.

Marcin: – Ale to już pana sprawa. Dziecko pan ma...

Żona: – Troje.

Marcin: – Aha. To my pójdziemy. Jakby panu było słabo, niech pan pójdzie do przychodni. Kartę dać?

Sąsiadka: – Dać, ja zejdę z panami.

Wychodzimy na klatkę. Trochę wystraszone, trochę zaciekawione dzieci patrzą za nami. Jeszcze nie jest z nimi tak źle. W domu wysprzątane, meble nowe, sprzęty niepołamane. Znaczy jeszcze ich nie bije, nie wynosi rzeczy, nie demoluje. Wszystko przyjdzie z czasem. Zapamiętujemy ten adres. To na bank będzie nasz nowy „leżak".

Sąsiadka na schodach szeptem: – No mówię, że nie żadne gripeksy. Najebał się znowu.

Rozdział V

Biała gorączka

ELŻBIETA,
LEKARKA MEDYCYNY RATUNKOWEJ:

Nie do każdego pacjenta może pan powiedzieć: „Proszę pana, niech pan leży i się nie rusza". To nie do każdego dociera. Komunikując się z drugim człowiekiem, stara się pan używać języka, który jest zrozumiały. Jak do mnie pacjent mówi na przykład per gruba kurwa, to ja mówię do niego na przykład per chuju, wieśniaku. Nawiązujemy wtedy konwersację na poziomie, który pan jakby narzucił.

* * *

Do agresywnego teoretycznie trzeba wchodzić z policją. Ale my nigdy nie czekamy na radiowóz. Marcin jest ideowy. Uważa, że jak będziemy czekali na psiarnię, to agresywny może wymordować na przykład całą rodzinę. I będzie głupio. Dlatego wchodzimy jak „komandosi", którymi on dowodzi: „Z daleka od okien, koncentracja, wjazd na pełnej kurwie".

PIOTR,
RATOWNIK Z DŁUGIM STAŻEM:

Cały czas trzeba uważać. Nawet w karetce. W karetce trudno się bić, bo jest mało miejsca. A on wziął mnie z zaskoczenia. Najpierw na mnie plunął, a potem zamalował mnie w twarz. Trochę zamortyzowałem, ale i tak poczułem. Fruuu, walnąłem na glebę i nakryłem się nogami. Zbieram się. Jeszcze się nie podniosłem, a już ratownik kierowca biegnie zza kółka. Podciągnął się na poprzeczce jak małpa i jeb go nogami w klatkę. I usiadł na nim. Przysięgam ci, że słyszałem, jak łamią mu się żebra. A potem go w ryj, w ryj. Zatrzymaliśmy karetkę. „Poprawiliśmy" kartę pacjenta, że niby to wszystko już było. Że takim go wzięliśmy. W każdym razie do karetki wchodził o własnych siłach, a do szpitala na SOR wnieśliśmy go na noszach. I nie pytaj mnie, czy żałuję, bo nie żałuję ani jednego ciosu.

ELŻBIETA,
LEKARKA MEDYCYNY RATUNKOWEJ:

Spacyfikowanie od razu, zaraz po wejściu do ambulansu agresywnego pacjenta jest tak naprawdę działaniem dla jego dobra. Bo to trwa ułamek sekundy, kiedy sprawy wymykają się spod kontroli.

W momencie, kiedy któreś z nas oberwie, to na małej przestrzeni w karetce u nas się uwalnia dużo agresji. Pracuję w zespole w stałym składzie, od lat na tej samej karetce, z tymi samymi ratownikami. Jeżeli komukolwiek z nas coś zagraża, reszta jest w gotowości bojowej. Jeśli naprawdę pacjent kogoś z nas uderzy, akcja jest błyskawiczna. Półtora roku temu byliśmy na wizycie i jeden pan próbował mnie strzelić z bani. Mam takiego fajnego, wysokiego ratownika. Poczułam tylko świst koło ucha i zobaczyłam, jak ten agresywny facet dostaje cios w żuchwę. A potem już leżał na podłodze. Z możliwej wizyty na izbie wytrzeźwień zrobiła się całkiem poważna na laryngologii.

WOJTEK, LEKARZ, WETERAN POGOTOWIA I SOR-U:

Oni często są agresywni. Próbujesz go podnieść z ulicy, a on startuje z łapami: „Ja tu leżę, bo chciałem sobie właśnie posłuchać płyt. I co mi nie dajesz słuchać muzyki, chuju?!". Agresja była zawsze, ale w ostatnich latach wzrasta. Widać to w pogotowiu, widać to na szpitalnych oddziałach ratunkowych. Agresja i stale rosnące żądania. Niedawno usłyszałem od pacjenta: „Ja tu jestem chory, a ty masz mnie leczyć, bo jesteś od leczenia, jak dupa od srania".

NOTATKA Z AMBULANSU

Na Akacjowej ciemno. Dziwne, bo na wsi przeważnie przed domem ktoś czeka, macha latarką, otwiera bramę. Zwłaszcza gdy w środku szaleje „agresywny". Czyli powinna czekać na nas cała rodzina – matka, dzieci, dziadek z babcią – wszyscy, którzy zdołali ujść cało z zadymy. Ale nie ma nikogo. Dopiero za zakrętem majaczy jakieś światełko.

– Sklep?

– No. Może i sklep, w zleceniu nienapisane przecież, że dom, tylko że „agresywny".

„Sklepy na ulicach akacjowych" to azyl. Szczególnie w niedziele, po południu, w późnym listopadzie, w zacinającym drobnym deszczyku. Można tylko siedzieć w domu i patrzeć na serial albo jakąś „familiadę". Pić wódkę ze szwagrem po rodzinnym obiedzie. Opowiadać o tym, co ksiądz dziś powiedział na kazaniu i ogólnie co tam u niego prywatnie.

Kto tego znieść nie może, wypieprza do sklepu.

Pod byle pretekstem: „Nie ma musztardy", „Drożdże się skończyły" albo bez pretekstu. W sklepie schodzą się ścieżki zabłąkanych dusz. Kobiety w beretach opowiadają o zdradach i chorobach. Dzieci szukają ojców. Ojcowie robią flaszkę na samym końcu pomieszczenia: tramwaju-kiszki, przy stoliku-kontenerku z dala od zdradzieckiej witryny.

Obcy? Nie zaglądają. Czego mieliby tu szukać?

Do agresywnego wchodzi się gwałtownie. Gwałtowność daje element zaskoczenia. Tłumi lęk.

Żeby nie zastanawiać się – co on może mieć w ręku? Czy kogoś skrzywdził? W każdym razie do sklepu wchodzimy gwałtownie.

Pomarańczowe kombinezony. Twarze zacięte.

Cisza. Ludzie rozstępują się na boki.

Sprzedawczyni w fartuchu-podomce „hand made" koloru niebieskiego w jasne kwiatki, uszminkowane klientki, usmarkane dzieciaki kurczowo trzymające się szarych spodni matek, babcie w kościółkowych chustkach i mężczyźni – twarze płaskie, oczy pijane. Wszyscy jacyś wystraszeni, jakby podminowani. Dają drogę – czyli „agresywny" jest na końcu tramwaju-kiszki.

I rzeczywiście jest! Siedzi przy tym stoliku-kontenerku. Fajka, flaszka.

– Pan?

– Co ja.

– Pan wzywał?

– Co ja.

– Spokojnie.

– Ale co spokojnie.

– Niech pan nie wstaje.

– Ale kurwa!

– Siedź, tylko cię zbadamy. Byłeś agresywny? Leczysz się?

„Agresywny" zielenieje, kuli się w sobie i zaczyna piszczeć: – Ała, kurwa, panowie, kurwa mać.

– Spokój! I masz, kurwa, nie wstawać!

Trzeba go zaraz wyprowadzić, wziąć w pasy, bo ta łagodność zaraz mu przejdzie.

I jeszcze trzeba ustalić: – Kto wzywał?

– Panowie, panowie!

Sprzedawczyni w podomce w jasne kwiatki aż wyszła zza kontuaru.

– Panowie, ale nikt nie wzywał!

– Co?

– Nikt pogotowia nie wzywał!

– To będzie Akcjowa 43?

– 54, 43 będzie tam. Chłop się tam upija i szaleje.

– No, kurwa, to co nie mówicie?! Bo my to pacjenta zawsze znajdziemy.

– Hłe, hłe, hłe. – Pierwsi rżeć zaczynają mężczyźni o płaskich twarzach, potem bezmyślny rechot ogarnia cały sklep. Komedia. Tylko „agresywny" aż wstał z wrażenia. Blady, napięty.

Marcin: – I co pan tak stoi? Pan siada spokojnie!

Wychodzimy. Zasuwamy pod 43.

ELŻBIETA,
LEKARKA MEDYCYNY RATUNKOWEJ:

Przestrzeń w karetce jest mała, dostać nie jest trudno. Trzeba mieć oczy dookoła głowy, szczególnie jeżeli pacjent jest pobudzony i rzeczywiście świruje. Jak ładujemy takiego pacjenta do karetki, to przecież to jest jakiś kosmos.

I co robicie?

Pacyfikuje się relanium. My nawet czasem tylu ampułek relanium nie mamy. Normalnie pacjentowi z padaczką podaję 10 mg w żyłę i nie ma go, trzeba jeszcze sprawdzić, czy oddycha. Ale jak człowiek świruje, to jest inaczej.

Ile pani podała najwięcej?

Najwięcej? Z ręki? Czyli nie we wlewie (kroplówce – przyp. red.), tylko od razu? (w zastrzyku – przyp. red.). To było 80 mg.

To dużo?

Dużo. Dlaczego tyle? Facet był postury Adama Małysza, a próbowało go opanować dwóch moich ratowników, dwóch policjantów i czterech strażaków. No to jak już został wsadzony do karetki, przytrzymany, to dostał 50 mg rolki. Dalej się szarpał. To dostał jeszcze 30. Więcej już nie miałam. Uzyskałam taki efekt, że usiadł. Po dwunastu minutach dojechaliśmy na toksykologię. Tam musiał dostać strzał kolejnych 50 mg. To dawki, które są przekroczeniem jakichkolwiek dawek terapeutycznych. Pan pytał, jak się ich pacyfikuje. Właśnie tak się ich pacyfikuje.

NOTATKA Z AMBULANSU

Wezwanie jest do agresywnego pacjenta, pobudzonego, z zaburzeniami psychicznymi.

Marzanna stoi w drzwiach. Gruba, zaniedbana, spod blond farby wychodzą odrosty.

– Co tu chcecie?

– Wezwanie było.

– Nikt tu nie wzywał. Nie wchodzić.

Zespół mija ją bez dalszych dyskusji. Widać, że kłamie. Niby należy czekać na policję. Niby lepiej do agresywnego nie wchodzić.

Marcin: – Wpierdalamy się. Raz. Uwaga na okna, uwaga na drzwi.

W domu cisza. Dwie córki, piętnaście i dziewiętnaście lat, wystraszone. I wściekła Marzanna.

– Co, kurwa, chcecie? Nikt nie wyzywał.

– Dobra, kto jeszcze jest w domu?

Spłoszone córki patrzą na drzwi od zamkniętego pokoju.

– Tata tam jest? Co wam zrobił tata?

Marzanna: – No, powiedzcie panu. Przyznajcie się, co wam zrobił ten skurwysyn. Kutas do czego mnie doprowadził. Nabrał kredytów, żreć nie ma co... Wyjebał futrynę, córkę dusił.

– Dusił cię tata?

– Dusił.

Wchodzimy do pokoju. Ciemno.

– Gdzie pan jest? Jest pan spokojny? Niech pan się nie rusza.

Napięci. Możemy się na niego rzucić we trzech. Gdzie jest, kurde, włącznik światła. Czy facet ma coś w ręku? Nie widać. Pstryk. Jasno.

On siwy, jakby bez powietrza, siedzi na taborecie pod oknem.

– Proszę pana? Proszę pana?

– Tak.

– Źle się pan czuje?

– Nie.

– A co się w rękę stało?

– Żona mnie zajebała patelnią.

– Bo co?

– Bo to wariatka. Pierdolnięta.

We dwóch pilnujemy pacjenta, a Marcin idzie zbierać informacje do drugiego pokoju.

– Mąż mówi, że pani się leczy.

– Tak, psychiatrycznie, przez tego chuja. Kredytów nabrał. Zamknęłam drzwi, to wyjebał futrynę, mówiłam przecież.

Marcin wraca do pierwszego pokoju.

– Żona mówi, że wziął pan kredyty.

– Prawda.

– Że futrynę wyjebałeś, też prawda?

– Prawda.

– Córkę dusiłeś?

– Dusiłem.

– Bo co?

– Bo mówi, że kutas jestem. Niedobra dla mnie.

– Zaraz będą psy. Zajebią cię pałami.

Jest policja. Szepczemy. Jeden pies każe wszystkim wyjść z pierwszego pokoju. Będzie szmacił gospodarza: „Na mnie się patrz. Co, kurwa, w buty patrzysz? Co ci się, kurwa, nie podoba? Do dziecka się czepiasz?...”.

W przedpokoju podchodzi do nas młodsza córka.

– Proszę pana.

– Boisz się? Nie bój się, tata już cię nie będzie dusił.

Dziewczyna płacze.

– Czemu płaczesz?

– Bo to matkę trzeba zabrać.

– Jak to?

– Matka nienormalna. Drzwi przed ojcem zamknęła. Wpadł w szał. Zabierzcie ją. Boimy się jej.

– Chryste. A ojca?

– Też się boimy.

– O, kurwa!

Policjant skończył z gospodarzem: – Bierzecie gnoja do psychiatryka?

– Nie.

– A co?

– Matkę bierzemy.

– No co wy? Bo ja nic nie rozumiem. To ona jest zła? Bo tamten dusił, czy jak?

– Ona. Agresywna, chora psychicznie. Pani Marzanno, ciśnienie pani zmierzę. Do szpitala pojedziemy, dobrze? Odpocznie pani.

Pies nic nie rozumie, ale chce pomagać: – To ja z nią porozmawiam, dobra?

– Nie, kurwa, my już z nią pogadamy.

Marcin wraca do pierwszego pokoju.

– Zabieramy ci starą.

– No.

– Bo jest pierdolnięta.

– Wiem.

– A córki pojadą do babci, dobra?

– Aha.

– Słuchaj, tylko ty już nigdy nie możesz podnieść ręki na dzieci. Rozumiesz? Nie wolno ci. Dzieci się boją. A dzieci nie mogą się bać.

Marcin ma łzy w oczach i nagle zaczyna tłuc końcówką długopisu w łysą głowę gospodarza. Nie wiem po co. Chyba z tej bezsilności.

Rozdział VI

Samotność – ballada o beretach

* * *

23 grudnia – taka jest zasada – zawsze będą ci chcieli kogoś podrzucić. Najczęściej dziadka albo babcię chorych na demencję. Bo nie da się takich zostawić w domu i wyjechać. Brać ze sobą też się nie da.

W domu też dezorganizują życie. Zamiast cieszyć się za stołem z narodzenia Jezuska, trzeba babci zmieniać pampersa albo ją karmić: łyżeczka za łyżeczką tak przez dobre pół godziny. Dlatego rodziny patrzą na nas oczami spaniela:

– Weźcie babcię, niech się podleczy.

Jeśli się zgodzimy, uwolnimy ich od poczucia winy: „podleczy się" to słowo, które tłumaczy niegodziwość.

Jeśli się nie zgodzimy, będą – większość z nich – próbowali dalej.

– Ale jak to nie weźmiecie. Przecież musicie. No, weźcie babcię.

Nie ma już posypywania pudrem. Właściwie wprost proszą, żebyśmy uwolnili ich od ojców i matek, którzy stali się już niepotrzebni. Natrętnie żyją i tylko psują święta.

Ale dziś jedziemy do Joanny. Ma dopiero dwadzieścia jeden lat i cukrzycę. Nie przyjmuje do wiadomości, że zapadła na tę chorobę i żyje, jakby cukrzycy nie miała. Z tego powodu gnije jej stopa.

Jedziemy do niej. I musimy ją zabrać. Smutne jest zabieranie kogoś do szpitala 23 grudnia.

JOACHIM,
LEKARZ STAŻYSTA:

Każdego dnia w karetce dowiaduję się czegoś o ludziach. Pierwszy raz zobaczyłem, jak naprawdę wygląda pozostawienie kogoś w szpitalu. Nie dlatego, że potrzebuje leczenia, ale dlatego, że „babcia", „dziadek" sprzykrzyli się rodzinie.

Mogę też opowiedzieć historię o kobiecie, która mieszkała przez całe życie w warunkach urągających ludzkiej godności. Załatwiała się do wiadra, nie miała żadnego ogrzewania. Taka patologiczna rodzina. Umarła na alkoholizm w wieku trzydziestu dziewięciu lat. Młodo, ale przecież była bardzo zniszczona, bo ostro piła od dziewiętnastego roku życia.

Najpierw jednak trafiła do naszego szpitala. Leżała kilka tygodni. Rodzina pojawiła się po jakimś miesiącu. Rozmawiam z jej ojcem. Proszę sobie wyobrazić, że on nie pyta: „Jak tam córka?", „Czy wyjdzie z tego?", „Może jej czegoś potrzeba?". Nie, nic z tych rzeczy. Pada jedno pytanie: „Panie, a kto za to wszystko zapłaci?". Czyli on się pyta o pieniądze. Zupełnie nie martwi się tym, że jego córka jest umierająca.

* * *

Pani Zet była znana w całym pogotowiu. Samotna staruszka, która wymyślała choroby. Wzywała ambulans kilka razy dziennie. Pisała skargi. Żądała opieki, wywożenia do szpitala. Ratownik A. szczerze jej nienawidził.

Zawsze wchodził do niej z uśmiechem na ustach. Mówił niby ściszonym głosem, ale tak, żeby ona go słyszała:

– Zabiję kurwę! Ty ją trzymaj, a ja jej przyłożę poduszkę do głowy.

– Nie wygłupiaj się, stary.

– Ale nawet nie poczuje. Pozwól mi, sam ją uduszę.

– Nie wolno.

Pani Zet po jakimś czasie zaczęła się bać tego ratownika. Napisała na niego tuzin skarg, ale nikt nie traktował staruszki poważnie – bo skarżyła się wcześniej tysiące razy. Więc gdy tylko A. pojawiał się w jej mieszkaniu, pani Zet odzyskiwała natychmiast wigor. Zrywała się z pościeli na równe nogi i krzyczała na cały blok:

– Nie podchodź tutaj! Ty Lucyferze czarny!

Tak na niego mówiła, bo A. jest brunetem o ciemnej karnacji i ciemnych oczach.

No i całe pogotowie miało ubaw. Kiedyś w dniu ratownika medycznego A. postanowił odznaczyć panią Zet. Za własną kasę kupił kwiaty. Wykonał szarfę z papieru toaletowego z napisem „Miss Pogotowia".

Kazał jechać do pani Zet na bombach i sygnale, chociaż wcale nie było wezwania.

– Panowie do kogo?

– Została pani Miss Pogotowia. Mamy prezenty.

– To znowu ty, czarny Lucyferze? Idź precz!

A. musiał odjechać, ale po kilku godzinach pani Zet znów wezwała pogotowie.

Kiedyś miałem dyżur z panem A. Opowiedziałem mu, jakie krążą legendy o nim i o pani Zet.

– Prawda to?

– Wszystko z grubsza prawda.

– No, ale jak się skończyła ta sprawa z panią Zet?

– Zmieniłem taktykę.

– Czyli?

– Kiedyś pożyczyłem od niej książkę o lekach ziołowych. Jak nas znowu wezwała, to oddałem jej książkę i z nią pogadałem. Znów coś od niej pożyczyłem. I tak już poszło. Zaczęła mnie lubić.

– Ale dlaczego? Skąd ta zmiana taktyki?

– Zrozumiałem, że pani Zet nie ma na świecie nikogo bliższego poza pogotowiem.

NOTATKA Z AMBULANSU

Dom pomocy społecznej był tam, gdzie kiedyś znajdował się burdel. Każdy w okolicy to wiedział. Przez lata było napisane „Motel, pokoje na godziny". Teraz wisi tabliczka: „Dom pomocy społecznej". Kiedy był tu burdel, pachniało tanimi perfumami. Teraz czuć sikami już od progu.

Wezwanie do DPS-u u Artura powoduje odruch wymiotny.

– Wiem, jak to jest. Pielęgniara chce sobie pospać. Po co ma się męczyć jakąś umierającą staruchą? Jak możemy się pomęczyć my albo personel w szpitalu. A w szpitalu co nam powiedzą? „A po co ją tu przywieźliście?" Taka stara, śmierdzi. Tylko robi kłopot, nie?

Artur pamięta, jak kiedyś jeździło się do śmierci na wieś. Śmierć była czymś naturalnym, oswojonym.

Rafałek tak samo:

– Zapalali gromnicę i czekali, aż dziadek zejdzie.

Artur: – Pogotowie wzywał najczęściej ktoś z dalszej rodziny. Ludzie przepraszali. Było im przykro, że musieli fatygować doktorów: „Pomyłka, dziadek sobie spokojnie, dobrze umiera".

Rafał: – Teraz od progu darcie mordy: „Ratujcie, ratujcie, trzeba ratować". Ale ci powiem, że tu nie chodzi o ratowanie, nie.

– To o co chodzi?

Rafał: – Żeby się pozbyć tych półzwłok. Ludzie nie chcą teraz patrzeć na umieranie. Możesz tłumaczyć, że to nie ma sensu: „Szanowna pani, tatuś pani zejdzie na SOR-ze w otoczeniu obojętnych mu ludzi, nikt nic usłyszy jego ostatnich słów, a jak usłyszy, to będzie je miał w dupie. Tatuś powinien umrzeć tutaj, we własnym domu, w otoczeniu rodzinnego ciepła…". Ale nie, ona swoje: „Ratujcie, ratujcie, trzeba ratować". Czyli zabierzcie stąd to truchło. Nie mam ochoty na to patrzeć.

Brama zamknięta na głucho. Nie kłamali. Od progu daje szczyną. Dziadziusie i babuleńki poukładani na wąskich łóżkach. Pokoje przechodnie. Nikt nawet nie podnosi oczu, gdy wchodzimy. Mieszkają w umieralni, więc są przyzwyczajeni do umierania. Co drugą noc kogoś stąd wywożą.

Nasza babuleńka ma siedemdziesiąt sześć lat. I jest zupełnie nikomu niepotrzebna. Ma postępujące otępienie starcze, cukrzycę, migotanie przedsionków, spuchniętą prawą stronę twarzy i co jakiś czas łapie dziwny dygot.

Artur: – Jaki ma cukier?

Pielęgniara: – Co?

– Cukier pani mierzyła pacjentce?

– Rano?

– Rano? A teraz?

– Teraz to nie wiem. Bo ja byłam na górze. A na dole kto inny.

Jak się nie mierzy poziomu cukru cukrzykowi, to znaczy, że się ma go w dupie, że chce się, żeby umarł. Cukrzyk zapadnie w śpiączkę i wtedy może być za późno. Czyli tragedia albo ulga – jak zwał, tak zwał. Babuleńka ma wszystko sine – ręce, nogi. Bardzo jęczy. Nie wie, co się z nią dzieje.

Pewnie kiedyś pracowała, dbała o dzieci, kochała – teraz jest tylko chrapliwie oddychającym przedmiotem.

Artur wkłada jej palce do ust: – Popatrz na to. Nie brzydzisz się?

– Nie.

Patrzę. Ona ma grzyba. Wielki. Cała jama ustna brązowa. Musi ją strasznie boleć. Nie może nawet przełknąć śliny, żeby nie piekło – co mówić o jedzeniu albo piciu?

– A ta opuchlizna?

Pielęgniara wzrusza ramionami: – A ja wiem?

– A lekarz co mówi?

– Lekarz to tu jest raz w tygodniu. Weźmiecie ją?

Artur kiwa głową, że weźmiemy. Wiadomo, że zarobimy tylko opierdol, ale zostawiać babinkę tutaj, to zbrodnia. Może w szpitalu się nią zajmą. Może chociaż zrobią coś z grzybem? Pewnie wystarczy jakiś preparat jak dla dzieci. Albo ją umyją. Albo nie wiemy co, ale ją weźmiemy.

Artur: – Rano mieliśmy babcię ze złamanym stawem biodrowym. Lekarz mówi, że tego nie robi, bo babcia jest za stara. I to jest taka sprawa, że babcię się odsyła do umierania. Ona już musi leżeć do samej śmierci. Społeczeństwo podpisało na nią wyrok, bo nie ma kasy na endoprotezy dla tych, co i tak niedługo z tą endoprotezą pójdą do piachu.

Wjeżdżamy z szufladą, czyli noszami, po naszą babcię. Przenosimy ją na kocu. Jęczy. Rafał przynosi jej „ferrero rocher", czyli folię termiczną. Okrywamy ją bez czułości, ale dokładnie. Na sali nie ma już nikogo oprócz nas trzech. Jeśli komuś choć przez chwilę będzie na niej zależało, to tylko nam – przez ten czas leży na naszej szufladzie. Ona chyba to czuje, bo się uspokaja. Aż Artur odwraca głowę: – Pani jakaś cicha się zrobiła?

Przysuwam głowę do jej spuchniętej twarzy, czuję kwaśny oddech: – Żyje.

– To dobrze, ruszamy.

W szpitalu dostajemy zjebkę.

– Co wyście nam przywieźli?

– Opuchnięta cała.

– Zapalenie ślinianki! No, chłopaki! Na SOR? Ze ślinianką? Może wzięlibyście ją z powrotem?

PIOTR, RATOWNIK MEDYCZNY
OD DWUDZIESTU LAT, ZWIĄZKOWIEC:

Trzeba patrzeć na paznokcie u nóg. Nie mówili panu koledzy? Zawsze poznaje się po paznokciach. Bo rodzina potrafi taką babcię na przyjazd pogotowia odpicować, umyć i uczesać. A o paznokciach u nóg zapominają. Widział pan taaakie paznokcie? Zakrzywione jak szpony? Takie, co wrastają w ciało?

ROZMOWA Z ELŻBIETĄ,
LEKARKĄ MEDYCYNY RATUNKOWEJ:

Czego pani się dowiedziała o ludziach, jeżdżąc w karetce?

I dobrych, i złych rzeczy. Bardzo dużo pacjentów jest w stanie paliatywnym. Ich się nie wyleczy, można tylko zmniejszać ból, wesprzeć, złagodzić objawy. Ale oni i ich rodziny są przez system zostawieni sami sobie. Mam wrażenie, że z tymi rodzinami nikt nie rozmawia. Pacjent, który ma rozsiany proces nowotworowy i trzy miesiące oczekiwania na opiekę paliatywną w domu, to jest chichot losu, bo co oni mają robić przez trzy miesiące? NFZ w Polsce jest kompletnie do tego nieprzygotowany.

Gdzie tkwi błąd?

Myślę, że naprawdę dobrych lekarzy pierwszego kontaktu nie ma wcale dużo. Lekarz pierwszego kontaktu pisze skierowanie do szpitala albo udziela porady, żeby dzwonić po karetkę, jakby coś się działo. I to koniec.

A pacjenci i ich rodziny?

W karetce rzeczywiście wyraźnie widać, jak ludzie różnie podchodzą do swoich bliskich. Podczas wizyty u pacjenta paliatywnego, gdy widzę, że zaczął się już początek końca, namawiam rodzinę, żeby ten człowiek mógł umrzeć we własnym łóżku. Bo to, jak ludzie umierają w szpitalu, naprawdę uwłacza ludzkiej godności. Poza tym każdy człowiek ma prawo umrzeć w otoczeniu swoich bliskich.

I jaka jest reakcja?

Rodziny dzielą się na dwie grupy. Jedni strasznie boją się opieki, bo nie wiedzą, co zrobić, ale słuchają i zależy im na tym, żeby bliska osoba, jeśli tylko nie musi być w szpitalu, pozostała w domu. Takie wizyty czasami trwają godzinę, półtorej, aż dzwonią do nas z dyspozytorni: „Co wy tam jeszcze robicie?". Ale są takie rodziny, z którymi generalnie nie ma w ogóle o czym rozmawiać. Zabierzcie, bo co my w domu zrobimy? Próbuję im powiedzieć, co mogą zrobić w domu i w jaki sposób załatwić to czy tamto, ale nie ma żadnej gotowości.

Dlaczego?

Umierający bliski to jest problem, który trzeba wystawić za drzwi, tak jak wystawia się starą kanapę, bo już się zapadła i nie da się na niej wygodnie siedzieć. Problem musi być za drzwiami. W takich paskudnych czasach żyjemy. Panuje kult życia, czerpania z życia, ale nie ma miejsca na śmierć, na to, żeby ludzie godnie odchodzili w swoich łóżkach.

Ludzie boją się patrzeć na śmierć i starość?

Tak. Mamy „babcie świąteczne", są jeszcze „babcie wakacyjne". Wyjeżdża rodzina na wakacje czy święta, wzywa się karetkę, wiadomo, że babcia jest schorowana, ma tysiąc chorób, więc zawsze coś się znajdzie. I babcia po prostu jest wstawiana do szpitala. Potem dzwoni się pod podany numer telefonu, że panią można już wypisać, a państwo mówią, że właśnie są za granicą i nie mają jak jej odebrać. I już! Tak to się załatwia. Ale jak potem patrzy się sobie w oczy w lustrze? Nie wiem, tego nie jestem sobie w stanie wyobrazić.

Ale jakoś sobie przecież tłumaczą.

Jak? „Bo babcią nie ma kto się opiekować". Oczywiście bardzo trudno sprawować opiekę nad osobą przewlekle chorą, starszą, która zapomina się, w pewnym momencie wchodzi w pampersa. Ale jak już się nie ma siły, to przecież można babcię oddać do domu pomocy społecznej. Ale nie oddają.

Dlaczego?

Z wyrachowania. Przecież jak babcia pójdzie do DPS-u, to emerytura pójdzie też do DPS-u, a to jest czysty, żywy pieniądz. Szkoda!

J., ORDYNATOR DUŻEGO SOR-U:

O Boże! Co święta, co dłuższy weekend tabunami przyjeżdżają! Tata, mama jeszcze wczoraj chodzili i chociaż mieli ich gdzieś przez ileś lat albo miesięcy, w tym momencie to jest najukochańszy tatuś, najukochańsza mamusia. A jak, nie daj Boże, nie weźmiemy, nie zostawimy w szpitalu, nawet jak nie ma wskazań, to rodzina nas zniszczy. Naszego ukochanego tatusia nie chcecie leczyć! Jak się im powie, że tatuś wcześniej nie był kochany, bo ma odleżyny świadczące o tym, że nie chodził przez dwa, trzy lata, są śmiertelnie obrażeni.

STANISŁAW,
PIELĘGNIARZ NA SOR-ZE:

Tu, na wschodzie, ludzie mają wyrzuty sumienia. Synek siedzi za granicą. Przyjedzie na święta: „Boli cię, mamo? To ja zaraz tu, kurwa, karetkę, zaraz będą". I wzywa karetkę: „Boli panią?" „No, boli". „Od dawna?", „No, jakieś dwa lata już będzie". No i co robić, jak synowi się włącza sumienie? A włącza się przeważnie wtedy, jak popije.

ARTUR,
RATOWNIK MEDYCZNY:

Babcia wyzywa pogotowie: „Ból w klatce, w okolicy mostka". Słyszę adres i już wiem, co się będzie działo. Pamiętam ją dobrze. Blokowisko śpi. Blok cały czarny, tylko w jednym oknie na żółto pali się światło. Można iść bez sprawdzania. To ona.

– Dobry wieczór. Kto wzywał?

Chuda, siwa, w szlafroku, wiem, co za chwilę mi powie:

– Proszę pana, jestem taka samotna!

Jasne, że nie chodzi o żaden ból w klatce, tylko o samotność. Dzieci powyjeżdżały, siedzą w dużym mieście. A ona wariuje. Rzadko wychodzi. Rzadko z kimś rozmawia. Zaczyna jej się wszystko mylić. Czasem zapomina, gdzie kuchnia, nie pamięta, gdzie dokładnie jest kibel. Więc jak jesteśmy, to ma okazję z kimś pogadać. No, ale my nie jesteśmy od zastępowania dzieci, ich czułości, ich pamięci – że ta pomarszczona teraz istota biegała kiedyś za nimi, prała pieluchy, opłacała korepetycje. Nie mam serca pisać „niezasadne wezwanie", bo babcia będzie miała kłopoty. Ale przecież wiem, że moja karetka może naprawdę być komuś potrzebna. Już widzę, że ktoś miał zawał i musieli wezwać karetkę spoza rejonu, bo my jesteśmy u babci. A nasz rejon obszerny. Tak że inny zespół do tego zawału mógł przyjechać po jakichś 20–25 minutach. Pacjent trup. Syn wyskakuje z rękami do kolegi.

– Ile jechałeś, kurwo? Ojca mi, kurwo, zabiłeś!

JAN, POCZĄTKUJĄCY LEKARZ:

Byłem po drugim roku studiów, odbywałem praktyki na SOR-ze. Pierwszego dnia przyjechała starsza pani razem ze swoją córką. Córka mówi: „Matka choruje, źle się czuje, słaba jest ...", krótko mówiąc: „Trzeba ją skierować do szpitala".

Mama nie umiera. Musi więc czekać. Godzina, dwie – czekały w sumie sześć. W końcu robimy badania. Okazuje się, że starsza pani zdrowa jak rydz. Ciśnienie w normie, sody, potasy, cukry, wszystko w normie, no, zdrowa kobieta! Tak więc lekarka odmówiła przyjęcia do szpitala. Decyzja jak najbardziej logiczna, bo po co ma zatykać internę zdrowymi ludźmi? Córka się na to strasznie zdenerwowała. Zaczęła się odgrażać. Straszyć, i takie tam. Wtedy zacząłem się nawet zastanawiać: „Dlaczego ona się odgraża, przecież jej matka jest zdrowa! Powinna się chyba cieszyć!".

Pojechały. Ale niedługo potem starsza pani znów trafiła na SOR. Tym razem była już w stanie tragicznym. „Splątana", nie za bardzo kojarzyła, co się z nią dzieje. W zasadzie nic nie kojarzyła. Pytam ją, który mamy rok, a ona: „Jan Kowalski" albo „w Warszawie". Nie ma wyjścia. Teraz to już na bank musimy ją przyjąć. Pomożemy, nie pomożemy, ale musimy przynajmniej sprawdzić, co się z nią dzieje. Sprawdziliśmy. Sód niski jak diabli, wszystkie wyniki fatalne. Nawodniliśmy, podaliśmy, co trzeba. Po jakimś czasie doszła do siebie. Zaczynam z nią rozmawiać, pytam, co się stało. No i babcia opowiada historię. Jak to córka zamknęła przed nią lodówkę. Jak odmawiała jej picia. Jak straszyła: „Napijesz się kranówki, to dostaniesz biegunki i umrzesz". No i załatwiła matkę. Z premedytacją przywiozła ją odwodnioną, wygłodzoną, z niskim sodem, majaczącą. Miała pewność, że teraz już ją przyjmiemy.

Babcia się poprawiła. Szukamy więc rodziny. O, jest komórka do córki. Dzwonię, że można już mamę odbierać. Co słyszę w odpowiedzi?

– Przepraszam, ale nie ma takiej możliwości. Jestem w tej chwili na wyjeździe za granicą. Po powrocie przyjadę po matkę.

No to miałem już jasność, o co chodziło.

MARCIN, RATOWNIK MEDYCZNY:

Spotykam codziennie w robocie bezmiar ludzkiej obojętności. Najgorzej traktujemy swoich rodziców. Tak, jakby przestali być potrzebni. Tak, jakby stracili całą wartość użytkową. Śpią w przydomowych komórkach, starych kurnikach. Nawet w środku zimy.

Starsza pani leżała w jakiejś przybudówce do domu w temperaturze czterech stopni. Cała w łachmanach, ale na nogach ciepłe nowiutkie skarpetki. Dopiero w szpitalu się okazało, że ma odmrożenia. Założyli jej skarpetki, żeby to ukryć.

Dziadek aż oblepiony przez muchy. Wchodzimy, podrywają się całe roje. Na ubraniu tysiące larw.

– Pięknie pani dba o ojca!

– Wszystko ma, czego mu trzeba.

– Nawet grzyby pod ręką, na ścianie.

PIOTR, RATOWNIK MEDYCZNY
OD DWUDZIESTU LAT, ZWIĄZKOWIEC:

Starsza pani leży naga na łóżku, na którym rozłożone są pampersy.

– Ale dlaczego tak? – pytam.

– No, jak zrobi kupę, to zabieramy pampersa i kładziemy nowego.

Nie wytrzymałem i mówię:

– Kurwa mać, ona tu żyje jak zwierzę w klatce.

No i złożyli na nas skargę za to, że powiedziałem „zwierzę".

ARTUR,
RATOWNIK MEDYCZNY:

Ludzie mają jakieś obrzydzenie do starszych osób. Wchodzisz:

– Gdzie jest pacjentka?

I słyszysz od progu:

– Proszę grzecznie. Ja jestem dyrektorem banku!

I chuj! A gdzie jest twoja matka? Dlaczego od kilku godzin ma prawie czterdzieści stopni gorączki?

– Co dawała pani na zbicie gorączki?

– Nic. Nie znam się. Ja jestem dyrektorem banku!

– A dzieci pani ma?

– Dwoje dorosłych.

– Kiedy opieka społeczna odebrała je pani?

– No co pan?

– No jak pani się nie zna na zbijaniu gorączki, to chyba nie wychowała pani sama dzieci.

Walizki babci już są spakowane. Przekaz prosty: „Wywieźcie ją stąd natychmiast".

I myślisz, o co tej kurwie chodzi. Dlaczego nie chce pomóc swojej matce. Dlaczego chce ją na siłę oddać do szpitala? Dlaczego mamy ją zawieźć na SOR? Żeby leżała w tym syfie, między menelami?

NOTATKA Z AMBULANSU

Z panią Marianną jest tak, że nikt jej nie chce. Kiedy była dyrektorką szkoły – tak z pół miasta miało do niej zawsze jakiś biznes. Nie inaczej się działo, kiedy była wicedyrektorką domu starców.

Teraz? Ma 84 lata, bez rodziny. Powoli zmienia się w uciążliwy dla świata, ale ciągle oddychający, wydalający kał i mocz przedmiot. Patrzę na jej biblioteczkę. Równiutko stojące książki za szybą regału. Widzę, że kiedyś Mariannę pasjonowała astronomia. Ma piękne atlasy i podręczniki wyjaśniające, jak obliczyć perigeum albo dystans do jakiejś odległej konstelacji. Interesowała się też religiami. Pewnie widziała, jak rozmawiali z Bogiem zaratustrianie, bahaiści.

A teraz? Siedzi w fotelu. Kropelka śliny spływa po brodzie. Troszkę pośmierduje moczem.

Nie wiadomo, po co nas tu wezwali. Przecież mamy ratować życie. A pani Marianna jest w złym stanie od wielu miesięcy. Stupor, otępienie to się pogłębiają, to ustępują. Dziś jest gorzej niż zazwyczaj i pewnie to zapowiedź jeszcze większych kłopotów. Ale przecież nie pogotowie jest jej potrzebne. Musi mieć stałą 24-godzinną opiekę. My za to nie odpowiadamy. Tego nie mamy w kontrakcie. Powinniśmy odwrócić się na pięcie i powiedzieć „do widzenia!".

Ale jak? Opiekunka błaga: – Zabierzcie ją, bo się tu wykończy!

– Ale my nie jesteśmy usługami geriatrycznymi.

– Mnie też nikt za to nie płaci! Do piętnastej miałam płacone, a teraz która? Noc.

W sumie jest w tym trochę racji. Kobieta jest opiekunką środowiskową. Płaci jej gmina za dwie godziny dziennie, potem musi biec do następnej staro winki i jeszcze następnej. W końcu musi się zająć swoją rodziną. Teraz odstawia w domu Marianny nadgodziny, za które nikt jej nie zapłaci złamanego grosza. Jest tu, bo sumienie nie pozwalało jej odejść. Ale dlaczego dziury w systemie opieki nad staruszkami mają być klajstrowane akurat jej kosztem?

Sąsiedzi tak samo: – Panowie, jajec nie róbcie, zabierzcie ją!

– Bo co?

– Bo umrze i trzeba będzie wywalać drzwi. Ona już nie chodzi, nie kontaktuje.

– Ale my nie jesteśmy dom opieki.

– A my?

– Jesteście rodziną?

– Panowie, my tylko sąsiedzi!

Zeszło się pół klatki. Ten jej robi zakupy. Ten wynosi śmieci. Tamta coś uprała. Ludzie pomagają, ale w sumie z jakiej paki ich kosztem łatać dziury w systemie?

Marianna ma cukrzycę. Nie zrobiła sobie zastrzyku, bo trzęsły się jej ręce. Ma nadciśnienie, którego nie udaje się zbić.

– Doktor Podgajny mówił, że muszę do szpitala – mówi, budząc się nagle do życia.

Podgajny to figura z przeszłości. Dziś ordynator w pobliskim szpitalu. Kiedyś pewnie był jej uczniem albo znajomym. Nie wypada mu odmówić, gdy Marianna prosi przez opiekunkę, żeby przyszedł.

– Był u pani?

– Był.

– Dawno?

Marianna wzrusza ramionami. Dawno? Niedawno? Wszystko relatywne. Zależy, jak prędko płynie czas w twoim świecie.

– A skierowanie do szpitala zostawił?

– Nic nie zostawił.

– To niech nie pierdoli, tylko zostawi skierowanie – irytuje się Marcin.

– Słucham pana?

– Nie, nic.

– Jak nic? – Marianna patrzy na sąsiadów, opiekunkę, pogotowie – tłum, który rozpełzł się po jej mieszkaniu, a ona nawet nie zauważyła kiedy. Czuje bezradność i z tej bezradności wpada w złość. Wtedy ciśnienie skacze gwałtownie. Zaczyna się dusić.

Rafałek: – Uspokój się, kochana, weź tabletkę pod język.

– Na co to? – pyta.

Rafałek: – Zbijemy pani ciśnienie.

Marcin: – Ty, ale ze zbijaniem ciśnienia trzeba uważać. Ostatnim razem tak jej obniżyliśmy, że spała 25 godzin. Obudziła się, jak strażacy mieli wywalać drzwi.

Opiekunka: – No, weźcie ją.

Nie chcemy brać. Bo w szpitalu, na SOR-ze zrobią nam z powodu Marianny awanturę: „Nie ma zagrożenia życia. Po co ona nam tutaj. Zabierajcie ją sobie".

Kombinujemy, żeby nie trzeba było jej brać. Najlepiej uzyskać odmowę pacjenta. Da się. Trzeba tylko zgrabnie poprowadzić konwersację:

– To co, chce pani jechać?

– Chcę.

– Dobrze. To będzie pani leżała na tym SOR-ze. Sama jedna.

– Do szpitala w R. chcę jechać.

– Uuuu, ale tam nie ma miejsc. Do W. panią zawieziemy.

– Do W. nie jadę.

No i super! No i OK! Mamy odmowę! Możemy już iść. Z brakiem miejsc to taki bajer, bo oficjalnie nie zgłosili blokady, czyli braku miejsc. Ale jak byliśmy z poprzednim pacjentem, tamtejsza lekarka doktor Kocia była bardzo poirytowana i powiedziała, żeby jej nikogo nie przywozić, bo nie ma gdzie kłaść.

Marianna ożywia się: – Tak to jest. Po to wychowywałam cudze dzieci w szkole, żeby teraz na starość... Nie ma pomocy, nie ma szacunku.

Zaczyna łapać oddech jak karp, ciśnienie znowu skacze.

Marcin patrzy na Mariannę. Zmienia zdanie:

– Wywozimy ją.

– Tak? – dziwimy się.

– Właśnie tak.

Szkoda mu się zrobiło Marianny, ale przecież nam nie powie. Bo „jesteśmy twardzi" i „nikogo nam nie szkoda".

Marcin tu rządzi i wie, jak to zrobić: – Pani (to do opiekunki) ją spakuje.

Opiekunka pokazuje na wielką torbę: – Już spakowana. Dobrze robicie. Ona się tu sama wykończy.

– Do domu pomocy społecznej by ją trzeba.

– Najlepiej.

Sąsiedzi: – To dobrze, że ją zabieracie. Tu nie ma nikogo.

– A tam?

Sąsiedzi: – Jakby się dało do szpitala w R., tobyśmy podjechali z kompotem i rzeczami.

Marcin: – Pojedzie do R.

Rafał: – A Kocia?

Marcin: – Chuj z Kocią.

Jedziemy. W karetce Marianna się ożywia. Opowiada o ojcu, który pracował w fabryce amunicji. O lekarzu, jej przyjacielu, który umarł. O dyrektorze, jej zwierzchniku, który też umarł. Przeprowadza nas przez krainę cieni. Wszyscy odeszli, tylko nikomu niepotrzebna Marianna trzyma się życia.

Szpital. Natykamy się na Kocię.

– Dobry wieczór, pani doktor.

– Spierdalaj.

– Słucham?

Kocia wychodzi, trzaskając drzwiami.

– Powiedziała „spierdalaj"? Słyszeliście?

Marcin bierze pieczątkę z szuflady biurka, które stoi w pustej izbie przyjęć. Stempluje kartę pacjenta. To dowód, że zdaliśmy Mariannę. Zostawiamy ją na wózku, w zimnym, pustym pomieszczeniu izby przyjęć.

Rafałek: – Kazała nam spierdalać, to chyba spierdalamy, co?

Marcin: – No. Do widzenia, pani Marianno, życzymy zdrowia.

* * *

W takich chwilach mamy poczucie, że przekraczamy granice swoich kompetencji. Mieliśmy ratować życie. Tymczasem wyrzuty sumienia każą nam poprawiać w ramach prac społecznych niedorozwinięty system ochrony zdrowia i opieki społecznej.

Robimy to tak, jak potrafimy. Załatwiamy problemy na krótką metę. Samotnym starszym paniom, które notorycznie wzywają pogotowie, dajemy chwilę ciepła i rozmowy. Nigdy ich nie straszymy tym, że następnym razem wezwiemy policję i każemy wystawić mandat za nieuzasadnione wezwanie.

Działamy znacznie subtelniej. Dajemy „naszym" babciom hydroksyzynę na uspokojenie i sen, wraz z furosemidem na sikanie. „Nasze" babcie zasypiają pięknie. Śnią przez wiele godzin. Ich pokryte zmarszczkami, zmęczone ciała odpoczywają. Budzą się w końcu. Całe obsikane. Będą miały robotę: zdjąć pościel, uprać, założyć nową, potem suszenie, prasowanie. Wymęczą się, zapomną o samotności, nie zadzwonią na pogotowie. A my będziemy mogli zająć się ratowaniem ludzi.

ROZMOWA Z ELŻBIETĄ, LEKARKĄ MEDYCYNY RATUNKOWEJ:

Mam problem z furosemidem i tym, że zawieźliśmy Mariannę do szpitala. Nie wiem, co myśleć. Pytam Elżbietę. Opowiadam jej o Mariannie.

Wzięliśmy ją w końcu, choć na SOR-ze czekała nas awantura, no i ona, prawdę mówiąc, nie nadawała się na SOR. Wzięliśmy wbrew systemowi z litości.

Ona nie mieści się w systemie, jest poza marginesem. Problem samotności u starych ludzi najlepiej widać z karetki. Pewnie, że się wkurzamy. Jedziemy o drugiej w nocy, bo babcia piętnaście razy sobie zmierzyła ciśnienie i doszła do wniosku, że jest za wysokie. Po co mierzy, zamiast położyć się spać?

To irytuje, prawda?

Pewnie, bo jak właśnie zdążył się człowiek położyć na pół godziny, zasnął i musi jechać do takiej babci, to ma zęby na wierzchu i by gryzł. No ale wchodzimy i co? Stary człowiek, kompletnie samotny, boi się, że coś mu się stanie i że potem nie będzie już mógł zadzwonić. To dzwoni „trochę wcześniej", uprzedza wypadki. Przynajmniej tak sądzi. Takie są „berety".

Czyli?

Tak niełładnie na te panie się mówi. Są to samotne starsze kobiety, które przeżyły swoich mężów, których dzieci są gdzieś tam w świecie, albo są zupełnie niedaleko, ale przychodzą raz w tygodniu. Mieszkają same, a już dawno nie powinny mieszkać same. Często mają trzypokojowe mieszkania, wygląda to tak, jakby rodzina czekała, aż babcia umrze i lokal się zwolni.

A można by inaczej.

Dom pomocy, stała opiekunka. Wystarczy sprzedać, zamienić na mniejsze mieszkanie i kasę przeznaczyć na babcię. Ale nie chodzi o babcię, tylko o chatę. „Córka rzadko bywa, ale mi sąsiadka przyniesie bułki, bo ja już sama nie wychodzę" – słyszę często. „A córka daleko?". „Niedaleko, trzy ulice dalej". „Córka mieszka trzy ulice dalej, a obiadu pani nie przynosi?" „A, bo ona tak dużo pracuje". Jakie to jest wytłumaczenie? To strasznie przykre. Boi się taki stary człowiek, że jak mu coś rzeczywiście pierdyknie, jakaś żyłka, umrze w pustym mieszkaniu. Mnóstwo telefonów od tych starych ludzi wynika z samotności i strachu. Więc z jednej strony się wkurzamy, a z drugiej jak usiądziemy i gadamy na bazie o „beretach", to każdy im współczuje.

No to jeszcze się przyznam, że dajemy babciom hydroksyzynę z furosemidem na sikanie.

Tak? (śmiech). No wie pan, można powiedzieć – ludzki odruch. Ja też mam jakieś niechlubne czyny na swoim koncie. To są takie pogotowiarskie metody, do których wstyd się przyznać, ale czasem człowiek je stosuje.

PAWEŁ,
LEKARZ MEDYCYNY RATUNKOWEJ:

Pojechałem karetką do nieprzytomnej pani w domu wolnostojącym. Okazało się, że syn odwiedzał mamę tylko przez futrynę drzwi i średnio raz na pół roku. Nigdy nie wchodził do środka, bo po pierwsze, był nawalony, a po drugie, nawet jego odór odrzucał. Pracownice opieki społecznej przynosiły kobiecie jedzenie. Oczywiście to jedzenie spadało na podłogę. Cebule, marchewki, seler zapuszczały korzenie i rosły. A w czym zapuszczały? W warstwie odchodów, która leżała wszędzie. I ta pani tak żyła, nie do uwierzenia. Dorwaliśmy tego syna pijanego. Postraszyliśmy policją. Zmusiliśmy, żeby tam wszedł i wyciągnął matkę na zewnątrz. Wziął kumpla i weszli. Wymiotowali, ale ją wynieśli. Miała udar mózgu. Miałem nadzieję, że to syna coś nauczy. Ale nie wiem, czy nauczyło.

W 2016 r. odnotowano łącznie ponad 3,1 mln wyjazdów/wylotów zespołów ratownictwa medycznego na miejsce zdarzenia. W porównaniu z 2015 r. stanowił to wzrost o 3562 wyjazdy/wyloty. Zespoły ratownictwa medycznego najczęściej udzielały pomocy w domu (ponad 70 proc. przypadków). Zespoły ratownictwa medycznego udzieliły pomocy blisko 3,2 mln osób. Analizując strukturę wyjazdów na miejsce zdarzenia, dostrzec można, że zdecydowanie przeważają wyjazdy do domu pacjenta. W podlaskim i łódzkim takie wyjazdy stanowiły aż 75 proc. Wyjazdy do zdarzeń w ruchu uliczno-drogowym stanowiły od 2,9 proc. do 8 proc. w poszczególnych województwach.

Źródło: GUS, *Pomoc doraźna i ratownictwo medyczne w 2016*, Warszawa 2017.

NOTATKA Z AMBULANSU

Wezwanie do staruszki.

Marcin: – Czyli ile lat ma ta łania?

Kierowca Władek: – Tu pisze 89.

Marcin: – Jest napisane.

Władek: – No, mówię.

Bełkotliwa mowa, zaburzenia równowagi. Nie ma sensu przesadnie się śpieszyć. Pani już się nażyła, więc my nie zaryzykujemy dla niej wrąbania się do rowu albo zderzenia z drzewem. Muzyka, ciepełko, prędkość przepisowa. Jedzie się! Bo jak jesteśmy na wyjeździe, to nikt nas nie wezwie do drugiego wyjazdu. Jakby był jakiś wypadek? Stać na deszczu, zbierać te ludzkie wraki, składać do kupy? Dlatego my tak nieśpiesznie. Należy się nam – ostatnio i tak dyspozytornia wysyła nas tylko do „leżaków".

Dom „łani" jest po wiejsku standardowy. Brama otwarta. Ludzie grzeczni, przejęci. Mówią jeden przez drugiego: „Mama, babcia raz ma przyśpieszony puls, a raz jakby pulsu wcale nie miała. Wystraszyliśmy się, bo słaba jest. Mówi niewyraźnie".

„Mama, babcia" leży w swoim pokoiku. Telewizor, Ojciec Święty Jan Paweł II, Matka Boska Częstochowska. A między tym fotografie dzieci, wnuków i prawnuków. Kolejne pokolenia maszerują poprzez chrzcielne beciki, komunijne świece, ślubne welony. Stare zdjęcia już wyblakłe, te nowe syte kolorami. „Mama, babcia" należy już do przeszłości. Tylko okruszki cudzego życia są jej udziałem. Może sobie na nie popatrzeć na fotografiach.

– Proszę mamie odsłonić klatkę piersiową.

Elektrody od EKG przyczepiają się do starczej skóry. Po to, by potwierdzić to, co i tak wiadomo: rytm jej serca jest niemiarowy, rachityczny. Naukowo: napadowe migotanie przedsionków.

– Bierzemy.

– Tak? – córka, wnuczka kiwają głowami jednocześnie: „Pewnie, bierzcie. Trzeba ratować mamę, babcię".

Pewnie, że trzeba ratować. „Mama, babcia" kiedyś sobie umrze w pokoiku – otoczona rodziną, ktoś ją będzie trzymał za rękę, a ona opowie jakąś historię sprzed lat i odejdzie. Albo zaśnie w nocy i już się nie obudzi. Fajna śmierć. Ale jeszcze nie teraz. Uratujemy ją, wywieziemy. Marcin tak zdecydował.

Marcin: – Usiądziemy. Nic nie mówimy. Jak to serduszko bije, kochana? Pokazać ręce. Dobra, naprawdę bierzemy.

Córka: – Dokąd?

Marcin: – W R. nam pacjentów nie przyjmują. Niby mają blokadę, ale najlepiej byłoby do R. Dla państwa. Mielibyście bliżej odwiedzać.

Córka: – To co robimy?

Marcin: – Tam jest taka nieprzyjemna doktor. Ale poradzimy sobie. Pani się ubierze, z córką, mężem bądźcie na izbie przyjęć przed nami. Tak?

Córka: – Rozumiem. Mamo, panowie cię zabiorą do szpitala.

„Mama, babcia" kiwa głową. Jest spokojna, posągowa. W cieniutką kruchą żyłę wbijamy jej wenflon:

– Będzie ukłucie.

Chyba nie czuje.

Wnuczka zakłada jej buty, córka układa włosy: – Jaka kurtka? Czarna? Lepiej zielona? Kasia, szybko. Panowie czekają.

Idziemy, delikatnie. Nagle „mama, babcia" zatrzymuje się w progu. Kiwa ręką na córkę.

– Tak, mamo?

– Dajcie chłopakom pół litra.

– Co?

– Pół litra, młode są, niech się napiją.

Marcin: – Nie trzeba.

Syn: – Panie, co nie trzeba! Dajta spokój, panie. To przecież matka kazała! Bierz pan.

Bierzemy flaszkę owiniętą w celofan.

Jedziemy z „mamą, babcią" podpiętą do urządzeń, które pikami pokazują, jak bardzo jej serce jest rozregulowane.

– Odpocznij, kochana, niedługo będziemy w szpitalu.

– Aha, oszukują mnie oni.

– Kto?

– Wszyscy, chcę umrzeć, a oni ciągle wzywają pogotowie. Męczą ludzi. Ja już jestem zmęczona. Tyle lat...

– Odpocznij, kochana. – Rafałka chyba ścisnęło w gardle, ale przecież się nie przyzna. „Jesteśmy twardzi" i źle opłacani.

Puszczamy cichą muzykę, rozmawiamy szeptem, żeby nie przeszkadzać „mamie babci".

Dojechaliśmy. Zapieprzamy na górę.

Marcin: – Jest rodzina?

Rodzina: – Jesteśmy.

Marcin: – Słuchajcie teraz...

I szepcze im do ucha, co i jak mają robić, żeby babcię wzięli na oddział.

Marcin: – No, kochana, wychodzimy, powoli. A państwo za nami.

Ustawiamy się na izbie wokoło „mamy, babci" jak gwardia pretorianów. Będziemy dawali odpór Koci zespołowo.

Ale najpierw pielęgniarka – pierwszy strażnik.

– A co przywieźliście?

– No, pacjentkę.

– Ale nie ma miejsca.

– No, jak? To blokadę trzeba zgłosić.

– Zgłaszaliśmy, wczoraj.

– A dziś?

– Nie...

Mamy ją!

– No, ale przecież blokada nie jest dożywotnia. Trzeba codziennie przedłużać.

– To idę po doktora.

– Kocia?

– Nie, zeszła już.

– No, niemożliwe. Czasem dla nas biednych zaświeci słońce.

– Nie ciesz się tak.

– A kto jest?

– Ordynator. Tyle was przyjmie. – Siostra pokazuje nam figę, ale nie jest na nas wkurzona. Śmieje się. Może też nie lubi Koci?

Pan ordynator przychodzi po dziesięciu minutach. Malutki, łysiutki, w kroksach na stopach. Zły na świat. W tej złości już od progu woła:

– Nie ma miejsc, nie przyjmujemy nikogo – niby do siostry, ale przecież mówi to do nas. Krecie oczka krótkowidza. Przez to dopiero w ostatniej chwili zauważa, że „mama, babcia" przyjechała z całym zastępem.

Rodzina patrzy na ordynatora w milczeniu. A on pod tymi spojrzeniami mięknie i mięknie.

– I co tu mamy?

Marcin: – Migotanie przedsionków.

– Migotanie... migotanie...

Rodzina stoi w milczeniu. Bez litości wpatruje się w doktora, dokładnie tak jak im Marcin naszeptał przed wejściem.

Mały w kroksach podnosi jeszcze raz oczy i poddaje się zupełnie:

– To trzeba położyć panią... siostro...

Siostra kiwa głową na „tak". Możemy spadać, tylko jeszcze pieczątka. Skoro „piguła" poszła, samowolnie wchodzimy do gabinetu. Nakrywa nas na tym.

– I kto mi grzebie w biurku? No kto?

Marcin uśmiecha się białymi zębami spod kruczych włosów.

– No ja!

– Idźcie już!

Ordynator: – Zgłoście tam, że my nie przyjmujemy.

– Panie doktorze, tylko szpital może to zgłosić. Przecież pan wie.

Ordynator odwraca się na pięcie. Jest zagniewany.

CZĘŚĆ II
SZPITAL

Rozdział VII

Szpitalny oddział ratunkowy

* * *

Znajomy lekarz powiedział mi, że szpitalny oddział ratunkowy to „miejsce, gdzie boskość spotyka się z potulną rezygnacją".

Najważniejszą kompetencją pomocników Pana Boga – czyli pielęgniarek i ratowników – jest triage albo po prostu triaż. To fachowa nazwa systemu zarządzania ryzykiem medycznym towarzyszącym pracy oddziałów ratunkowych, służącego bezpiecznemu podziałowi i przepływowi pacjentów w sytuacji przepełnienia oddziału.

Praktycznie? Pacjentom nadaje się kolory. Nieważne, kiedy trafiłeś na SOR. Ważne, w jak złym jesteś stanie. O tym, jaki masz kolor, kiedy podejdzie do ciebie doktor, decyduje personel medyczny – czyli pielęgniarka albo ratownik medyczny.

Kolor „czerwony A" – pomoc natychmiastowa. Urazy wielonarządowe, zatrzymanie akcji serca, urazy głowy, zaburzenia świadomości, oparzenia twarzy, krocza, zaburzenia oddechowe, głęboka hipotermia (poniżej 30°C).

Jest jeszcze „czerwony B". Pomoc bardzo pilna, ale czas oczekiwania może wynieść 10 minut. „Czerwoni 1 B" to pacjenci z wysokim ryzykiem bezpośredniego zagrożenia życia: bardzo silny ból i gorączka powyżej 39°C, krwotoki, duża duszność, zaburzenia świadomości, zatrucia lekami lub związkami chemicznymi, duże odwodnienie, dzieci z otwartymi złamaniami, dzieci z dużymi zranieniami, złamania uda i miednicy, obrażenia kręgosłupa, pacjenci z rozległymi ranami. Astma – zaostrzenie objawów. Cukrzyca – zaostrzenie objawów. Pacjenci w hipotermii o średnim nasileniu (30–32°C).

Kolor żółty – pomoc pilna, czas oczekiwana na badanie do 60 minut. Pacjenci o stabilnej pracy serca i stabilni oddechowo. Noworodki i niemowlęta bez zaburzeń krążenia i oddychania. Pacjenci z lekką dusznością, z gorączką do 38°C, z bólami o różnym umiejscowieniu, bez zaburzeń wegetatywnych, pacjenci z pojedynczymi złamaniami, pacjenci ze średnim i lekkim odwodnieniem, odmrożenia, pacjenci w hipotermii umiarkowanej (32–35°C), pacjenci z połkniętym ciałem obcym bez cech duszności czy krztuszenia.

Kolor zielony – pomoc odroczona, czas oczekiwania na badanie do dwóch–czterech godzin. Pacjenci wydolni krążeniowo i oddechowo wymagający podstawowej diagnostyki laboratoryjnej i obrazowej. Pacjenci z drobnymi urazami, pacjenci z kaszlem, bez cech duszności, z objawami infekcji dróg moczowych, oddechowych – z temperaturą ciała poniżej 38°C, pacjenci z bólem ucha, pacjenci z objawami zapalenia spojówek, pacjenci z wywiadem o przewlekłych dolegliwościach bólowych głowy, brzucha, bez cech zaostrzenia dolegliwości.

Najgorzej mają „pacjenci zieloni".

ARTUR,
RATOWNIK MEDYCZNY:

Triaż na przepełnionym oddziale ma w sobie coś z decyzji Boga. Jaki tu przydzielić kolorek? Pani jest jeszcze bardzo żółta czy już czerwona? A ten pan? Przeważnie dylemat rozwiązuje się tak, że ratuje się młodszego pacjenta. Ile ta babcia jeszcze pożyje? Dziesięć lat, piętnaście? A ten sześciolatek? Na bank dłużej! No to bierzemy sześciolatka. Babcia czeka. Czasem w nocy w domu zaczynam się zastanawiać: „Kto mi dał do tego prawo? W czyim imieniu ja decyduję?".

NOTATKA Z DYŻURU NA SOR-ZE

My, chłopaki z pogotowia, dowozimy ludzi na szpitalny oddział ratunkowy.

A SOR? Żyje sobie po kole. Wszystko jest tak samo, zmieniają się tylko twarze – ale przecież twarze nie mają szczególnego znaczenia. Twarz powinna sprawiać, że traktuje się kogoś inaczej. A więc jest tłum. Tłum jest zawsze w części zielonej – przeznaczonej dla pacjentów „niepilnych".

Ordynator J.: – Dziewięciu na dziesięciu z nich nie powinno nigdy się tu znaleźć. Będą czekać.

Mówi. Tłum łowi te słowa. Przegryza je w milczeniu. J. ma w sobie tyle „boskości", że nikt nie śmie się do niego zwrócić. Mimo to oczekiwanie sprawia, że tłum jest najpierw niezadowolony, potem zniecierpliwiony, w końcu otępiały, pogodzony z losem. To standard.

Obok gabinety lekarskie i zabiegowe.

Leżanki. Zawsze pełne, na których zalegają „żółci" albo kandydaci na „żółtych", albo ci, z którymi nie wiadomo co robić. Czasem „żółty" zmienia się w „czerwonego" i wtedy na sali z leżankami jest sporo biegania.

Część czerwona. Poprzedzona śluzą dekontaminacyjną – tam rozbiera się i myje bezdomnych z błota, rzygów, moczu, kału, krwi.

Dalej są sale, gdzie ratuje się życie. Sekcja WIT. Defibrylatory, aparaty mierzące, uciskające, wstrzykujące, monitorujące – potrafiące pomóc w ratowaniu. Tu leży ledwie kilku pacjentów – dwóch, czasem trzech. Często na podłodze walają się bandaże, wenflony – ślady po walce o życie.

J.: – Pan nie zapisuje, pan szybko się nauczy. Pięciu lekarzy, ośmioro ratowników i pielęgniarek, trzy salowe. Mało ludzi na taki oddział.

– Ilu ma pan pacjentów?

– Stu czterdziestu. Wielu z pierdołami. Nie powinienem tak mówić?

– Proszę, śmiało.

– Mniejsza liczba pacjentów w bardzo ciężkim stanie. Musimy się przy nich bardzo napracować. Niech pan nie zapisuje. Zaraz pan zobaczy.

Ma na myśli powtarzalność? To, że wszystko toczy się po kole? Że zmieniają się tylko twarze?

Mimo że wszystko toczy się po kole, każda historia musi mieć swój początek.

Ta mogłaby się zacząć na przykład w piątek o 9.45, gdy karetka przywiozła na SOR Ludwika Pajdę. Lat około sześćdziesięciu. Pajda uskarżał się na niedowład nóg. Cierpiał też z powodu ostrego bólu wodniaka prawego jądra.

Pajda został zakwalifikowany do „żółtych".

J.: – Bardzo ciekawe. Taki niedowład nóg. Dzień dobry panu! Poobserwujemy pana. Od dawna tak? Stolec? Brał pan czopki? Boli coś pana?

– Tak, cierpię z powodu wodniaka jądra.

– Ale to nic nowego u pana? Miał pan odbarczane? Tu w szpitalu? Bardzo dobrze. Niepokoi mnie ten niedowład. Proszę się położyć i czekać. No, idziemy.

O 10.00 na stronę żółtą karetka przywiozła panią Alinę, lat siedemdziesiąt sześć, która zasłabła w domu.

Pielęgniarka: – Bradykardia.

Spowolnienie akcji serca powodujące omdlenia i utratę przytomności.

– Pani Alino! Pani Alino! Dzień dobry!

Nie ma reakcji. Pani Alina odpłynęła, ale ciągle jest „żółta". Podłączają ją do monitora. Dostaje kroplówkę.

J.: – Pan pozwoli. Pokażę panu pielęgniarkę oddziałową. I jeszcze mam taką panią, którą musiałem zatrudnić, żeby wypełniała papierki do NFZ.

– Pan teraz żartuje.

– Nie żartuję. Tutaj pani pracuje. Wyszła.

– Fajne biurko.

– Oddałem jej swoje.

– Teraz na pewno pan żartuje.

– Nie żartuję. Serio. Po co mi takie biurko. Zresztą zaraz pan zobaczy. Pije pan kawę?

– Piję.

– To proszę.

– A pan?

– Mam gdzieś tu swoją zimną. Pan pije szybko, bo tu trudno dopić.

– Dlaczego?

– Zobaczy pan. Cukier? Niech pan pyta.

Siadamy.

Godzina 10.30.

Lekarka ze strony żółtej: – Ty, chodź. Bo się ta pani zatrzymała.

– Która ta?

– Ta co przed chwilą. Z bradykardią.

– Aha. Idziemy.

Pani Alina jest już zupełnie bez kontaktu. Sztuczna szczęka ląduje na podłodze. Peniuar zostaje rozcięty nożyczkami. Starsza, elegancka pani, której zdarzyło się zasłabnąć przy śniadaniu, zmieniła się teraz w ciało. Obiekt zabiegów. Intubacja. Uciskanie klatki. Strzał defibrylatora. Uciskanie klatki. Cewnik.

J. chwali swoją ekipę: – Widzi pan! Pacjentka rusza nogami! Bardzo dobrze prowadzona resuscytacja. Natleniona krew dostarczana jest do mózgu. Mimo że organizm pacjentki nie działa.

– Czyli?

– Może przeżyć, ale może i nie przeżyć.

Ratownik: – No, babcia walczy. Szkoda by było!

Ciągle nie ma oddechu, akcja serca nie wraca. Strzał. Strzał. Pani Alicja wraca do życia.

Ratownik: – Brawo!

J.: – Jeszcze nie brawo.

Wykrakał, bo Alicja znów się zatrzymuje. Ekipie ratowniczej opadają ręce. Trzy strzały i stanęła? Wyglądało, że już po sprawie, że wszystko się udało.

Patrzę na J. z wyrzutem.

– Co? Pracował pan w pogotowiu. Statystyk pan nie zna?

– Znam.

W karetce ratuje się jednego na dziesięciu pacjentów w takim stanie. Jeden z dziesięciu uratowanych wraca do normalnej sprawności. Jasne, że w szpitalu szanse są znacznie większe. J. to udowodni. Ma jakieś boskie dotknięcie, bo gdy tylko podchodzi do łóżka, pani Alicja znów rusza.

– No!

Podchodzi jakaś pacjentka. „Zielona". Przedarła się tu jakoś w zamieszaniu.

– A kiedy ja?

Młoda lekarka, która przed chwilą ratowała Alicję, jest jakby wybudzona ze snu:

– Kiedy pani?

– Tak, kiedy ja. Bo czekam już jakiś czas.

– Nie wiem, kiedy pani.

Alicję zaraz okryją kocem, zabiorą na intensywną opiekę medyczną. Przed chwilą umierała na oczach Ludwika Pajdy, który leży na kozetce prawej. Pajda ma wielkie oczy. Aż usiadł. Na chwilę zapomniał o bolącym wodniaku prawego jądra.

Na łóżku po lewej od Alicji leży pan Ziółko. Głowa owinięta bandażem, bo ma tam raka skóry.

Pielęgniarka do J.: – I co z tym Ziółką?

– A co ma być?

– No, leży już od wczoraj od osiemnastej.

– A co mu jest?

Pielęgniarka ma w oczach: „Już sto razy ci mówiłam":

– Wyrywa cewnik. Nie chce się dać zbadać. To co robimy?

Ziółkę wzięli z domu. Jest samotny, pod opieką pielęgniarki z hospicjum. Opieka nie najlepsza, bo Ziółkę przywieziono upapranego fekaliami. Ma demencję. Nie wie, co się z nim dzieje. Nie pozwala się jednak badać.

– Do domu może?

Pielęgniarka: – Co ty! Straż pożarna z policją tam do niego wchodziła. Coś trzeba wymyślić.

Pan Ziółko jest chudy, zgięty w paragraf, zerwał z siebie kołdrę, drży.

J.: – Zaraz, zaraz.

Pielęgniarka: – Dobrze, bo wiesz, on tak od wczoraj.

J.: – No, zaraz. – Patrzy na „żółtych".

Obok Ziółki wymiotuje starsza kobieta. Obok pani z zatamowanym krwotokiem. Dalej pan – kłopoty z sercem, chciałby już iść do domu.

Lekarka: – Ale drugie EKG ma pan zupełnie inne.

– Lepsze?

– Gorsze! Idzie pan na oddział.

– Nie wypuści pani?

– Nie da rady. Bo jakbym pana wypuściła, mogłoby się panu coś stać.

– Na przykład co?

– Umarłby pan na przykład.

– I tak jestem sam. Wszyscy mi umarli. I brat, i żona.

– Żona też?

– Umarła. Tak.

– To dlatego pan chce na miasto! Zostaje pan.

J. szepcze do mnie, że idziemy: – Kawa wystygnie!

Wymykamy się i czuję, że to ma w sobie coś z dezercji. J. po prostu nie wymyślił, co ma zrobić z Ziółką.

J.: – Ratowanie życia jest oczywiście spektakularne, ale najważniejsza jest diagnostyka różnicowa. Chodzi o to, żeby rozpoznać chorobę po danych objawach. Tutaj, w medycynie ratunkowej, znamy się na wielu rzeczach. Ale ludzie przychodzą splątani, z wieloma chorobami naraz. Generalnie jest bardzo ciekawie. Pan wypije kawę, a ja zadzwonię, bo nie mam kogo dać na dyżur o dziewiętnastej. Brakuje mi lekarza. Wykruszył mi się człowiek z przyczyn losowych, szukam zastępstwa. Trudno znaleźć.

– Może mało pan płaci?

– Dobrze płacę, ale robota trudna.

11.15.

J. telefonuje:

– *Cześć, gdzie dzisiaj dyżurujesz?*

(...)

– *No i po co tam chodzisz na dyżury?*

(...)

– *U mnie jest dużo lepiej. Łamiesz mi serce. Cześć.*

Lekarka: – Za pięć minut będziesz miał pacjenta w głębokiej hipotermii. Na działkach pogotowie znalazło.

J.: – Wypił pan kawę?

– Nie.

– Mówiłem, żeby pan pił. Jeszcze zadzwonię.

– *Cześć, przyjdziesz na dyżur?*

(...)

– *Daj mi do niej telefon.*

(...)

– *Ja cię wytłumaczę.*

(...)

– *To w niedzielę pójdziecie. Dobra, cześć, muszę lecieć, bo mam pacjenta.*

Idziemy. Najpierw przez „żółtych". Nie zmieniło się wiele. Alicja żyje. Ziółko drży na łóżku zgięty w paragraf. Pani z zatamowanym krwotokiem i ta z torsjami chyba się zaprzyjaźniają. Ludwik Pajda doszedł do siebie, bo powiódł za nami wzrokiem.

– Jak tam? – zagaduje do niego J.

– Boli!

– Co boli?

– Wodniaka prawego jądra mam!

– A tak, pamiętam, stara sprawa.

12.15.

Ślad błota ciągnie się od drzwi, pod które podjeżdżają karetki. Omija śluzę dekontaminacyjną. To może oznaczać, że człowiek znaleziony na działkach jest w bardzo ciężkim stanie. W tej śluzie jest też sprzęt do ratowania życia, ale wygodniej robić to w sali WIT.

J. – I co my tu mamy?

– Pacjent NN. Głęboka hipotermia. Krwawienie z odbytu.

– Jak głęboka hipotermia?

– 20,5 stopnia.

– No co wy?

– No!

– Kurde, rekord! Dobra, on się za chwilę zatrzyma!

W zasadzie w ogóle nie powinien żyć z taką temperaturą ciała. NN jest cały czarny – nie brudny, nie bardzo brudny, ale czarny. Tylko miejsca do przypięcia elektrod – które pielęgniarki przetarły gazikami – są innego koloru. Twarz spuchnięta. Oczu nie widać.

Natalia, pielęgniarka z części czerwonej: – Nawet nie śmierdzi.

J.: – Bo zimny.

NN ma szczękościsk. Więc J. osobiście będzie go intubował, czyli wciskał rurę do tchawicy.

Pochyla się nad NN: – Uuuu, piło się berbeluchę!

Wyciąga mu z ust jakieś skrzepy, treść żołądkową, ale nie może rozchylić na dobre zębów. Trzeba podać skolinę. Wtedy mięśnie zwiotczeją i NN straci swój oddech – bardzo płytki, ale jednak.

– Dobra, skolina. – J. startuje z rurą. Nic, ale już za drugim razem trafia.

Natalia kiwa głową z uznaniem. Widać, że J. jest z siebie dumny, ale udaje, że nie:

– Ma się to szczęście, nie?

Teraz krwawienie z odbytu. Nie ma, ale NN ma otarty cały bok. Być może został potrącony?

J.: – I po ryju oberwał. Dobra, dzwońcie po policję, niech sobie go obejrzą.

Kreska rytmu serca na monitorze NN prostuje się.

J.: – A nie mówiłem! No i się zatrzymał!

Uciski. Strzał. NN szybko wraca. Jest zimny, ale walczy.

J.: – Widzi pan! Pięciu ludzi o niego walczyło. Idę dzwonić.

13.15.

– Na dyżur o 19 byś nie przeszedł do mnie?

(...)

– W niedzielę u mnie? No to dobrze! Przyjdź dzisiaj i zostań do niedzieli.

(...)

– Spokojnie, kogoś znajdę.

(...)

– Pozdrów córkę.

13.30.

Przybiega lekarka z żółtej strony:

– Słuchaj, naćpany przyszedł. Rozwalił EKG, rzuca się cały czas. Bardzo agresywny.

J.: – Aha. Daj mu relanium. I weź redaktora. Musi to zobaczyć.

Na „żółtym” awantura musi trwać od jakiegoś czasu. Trzech ratowników, dwie lekarki i brat trzymają „agresywnego”.

Brat: – Artur! Nie rzucaj się! Oni chcą ci pomóc.
– Kurwa! Chcą mnie zabić! Puszczaj.
Pielęgniarz: – Zapniemy cię w pasy, chcesz?
– Spierdalaj. Brat! Otruli mnie, odjeżdżam!
Lekarka: – Dostałeś relanium. Ma cię uspokoić.
– Umrę?
Lekarka: – Nie.
– To koniec?
Lekarka: – Nie.
– Ja pierdolę. Dzwoń po ojca! Dlaczego mnie mordujecie! Nie rób zastrzyku! Kurwa! Chcę wyjść! Wypuście mnie!

Byczek. Tym silniejszy, że w psychozie po zażyciu dopalaczy. Wiek dwadzieścia dwa lata, sportowe buty. Trudno go zapiąć w pasy. Trudno mu zrobić zastrzyk. Nawet jak się udaje – wygląda na to, że na Arturze nie robi to żadnego wrażenia.

Łóżko pęka. Artur spada o kilkadziesiąt centymetrów. Cała żółta strona jest świadkiem „białej gorączki".

Ludwik Pajda znów patrzy szeroko otwartymi oczyma. Panie od torsji i krwotoku też nie mogą oderwać oczu. Przybiega ochrona: dwaj emeryci, nawet nie podchodzą do miejsca akcji. W końcu na sali pojawia się J. z telefonem przy uchu:

(...)

– Nie, no tak tylko. Jak nie możesz, to trudno! Muszę kończyć! Cześć!

J.: – Co, dałaś mu relanium?
Lekarka: – Tak.
J. – No to daj jeszcze.
Lekarka: – Ile?
J.: – Aż nie padnie!

Po piętnastu minutach walki Artur opada na łóżko. Przestaje rwać pasy. Pielęgniarz podkłada mu poduszkę pod głowę: – Już dobrze. Śpij, chłopaku.

Obudzi się za półtorej godziny. Znów dostanie relanium.

14.40.

J.: – Głodny pan? Mamy tu taki barek. Może wyskoczymy?

Lekarka: – A co z Ziółką?

J.: – Sika?

Lekarka: – Do pampersów.

J.: – Dobra, zadzwonię pod ten telefon, co go zostawiła pielęgniarka hospicyjna.

(...)

– Halo! Jestem szefem SOR-u.

(...)

– Rozumiem. Pan jest dyrektorem hospicjum. Jasne. Dzień dobry panie doktorze. Mamy tu waszego pacjenta.

(...)

– Ziółko.

(...)

– Nie wasz? Ale może by go pan wziął?

(...)

– Bardzo jestem zobowiązany.

(...)

– Do usłyszenia!

J.: – On go weźmie, ale od poniedziałku. Chyba że jutro albo pojutrze ktoś mu umrze, to go weźmie wcześniej.

Lekarka: – Czyli teraz co?

J.: – Zaraz. Pomyślę.

15.20.

J.: – I co, panie Pajda?

– Boli.

J.: – Wiem! Jądro! Wodniak!

J. do pielęgniarki: – Dajcie panu Pajdzie pyralginę i zlecenie na badania. Na neurologię. Pan będzie musiał podpisać.

Pajda klęka na podłodze, kładzie kartkę na kozetce i podpisuje zgodę na badanie.

J: do mnie: – Do barku?

Pielęgniarka: – Za pięć minut śmigło z zatrzymaniem krążenia. I karetka z obrzękiem płuc. Coś musimy sprzedać.

J: – Aha. Tylko muszę najpierw zadzwonić.

Cześć. Słuchaj, gdzie dziś dyżurujesz?

(...)

No, nie załamuj mnie! Po co jeździsz do Krynicy, jak ja nie mam kogo dać na dyżur!

(...)

Zrób zdjęcia i mi prześlij! Mam pacjenta. Cześć!

Pielęgniarka: – Bo w piątek po południu trudno kogoś znaleźć.

J.: – W piątek rano też było trudno! Dlatego ludzie nie chcą być szefami SOR-u. Ciągle się trzeba prosić.

Idziemy do części czerwonej. Mijamy „zielonych", zaczynam rozpoznawać ich po twarzach. Śmigłowiec zostaje sprzedany. Nam zostaje obrzęk płuc. Ledwo ratownicy kładą go na łóżku i ustaje krążenie.

Natalia: – No nie! Zatrzymał się? Pamiętasz taki dzień?

J.: – Nic nie pamiętam. A NN ile ma stopni?

Natalia: – 32 i pół.

J.: – Widzisz jak pięknie! Może uratowaliśmy człowieka? Znów się napije i znów do nas przyjdzie.

Fajowo! Kiedyś jednego pacjenta, bezdomnego, to mi wyłowili z gówna. Normalnie z gówna. (Będę intubował). Wpadł do takiej sławojki, którą sobie bezdomni zbudowali, i tam stracił świadomość. (Uciskamy, uciskamy). Uratowaliśmy go. Wymyliśmy, był jak pupka niemowlęcia. (Strzał). I on mi mówi: „Ty, doktor, dzięki. Już nie będę pił ani palił". (Wraca krążenie). Ale kłamał. Potem jeszcze czternaście razy go ratowałem. A ten pan pacjent to pali. Widać. Szukamy mu miejsca w szpitalu.

Natalia: – A NN?

J.: – Czekamy na policję i ogrzewamy. Dobra, muszę zadzwonić.

Idziemy po korytarzu. Mijamy „zielonych".

J.: – Jesteśmy coraz starszym społeczeństwem. Medycyna jest coraz skuteczniejsza. Żyjemy dłużej, przez co mamy coraz większą liczbę dolegliwości. Jeśli pan mnie zapyta, na co jest chory ten człowiek, to powiem, że na wszystko. Często trafia do naszego szpitala: serce, płuca, nerki... No, wszystko. Jeszcze raz go uratowaliśmy.

Policja przychodzi na siedemnastą. Technicy fotografują naszego NN i zdejmują jego odciski palców.

O 17.25 na żółtą stronę przywożą pacjenta. Wiek osiemdziesiąt dziewięć lat. Zasnął przy obiedzie i do tej pory się nie obudził.

J.: – Dziwne. Obejrzę go. Pójdzie pan do barku? Bo jest do osiemnastej tylko. Nic nie zjemy!

– Co kupić?

J.: – Bułkę, parówki. Cokolwiek.

Barek był do 17.00. Kupuję w kiosku zapas krakersów i prince polo.

J. dzwoni:

(...)

– Jak to dojeżdżasz do Warszawy?

(...)

– No ale po co ci była ta Warszawa? Załamałem się. Cześć!

I wykręca następny numer.

Cześć, gdzie dyżurujesz?

(...)

– Cudownie. Przychodź do mnie na SOR! 19.00, chirurgia miękka!

(...)

– Po drinku? Picie przecież szkodzi!

(...)

– No, cześć, cześć!

– Krakersy są. A barek zamknięty.

J.: – Jak to?

– I prince polo. Do siedemnastej tylko.

J.: – To koniec!

Okazuje się, że starszy pan, który zasnął, jest przypadkiem dla toksykologii i policji.

Natalia: – Podobno pił kawę z akwizytorami, których wpuścił do domu. Tak mówi żona. Pewnie go otruli i okradli.

Artur znów się obudził. Zaraz też jedzie na toksykologię. Facet z dziwnym EKG do kardiologa.

– Boooooże, boooożeeee! – pan Ziółko przypomina, że leży tu od wczoraj od osiemnastej.

J.: – Ziółko! Dzwonię na internę.

(...)

– Cześć, taki Ziółko. Ja nawet mu miejsce w hospicjum załatwiłem. Ale od poniedziałku. Może od soboty, jak ktoś umrze.

(...)

– No wiem, że nie masz. Weź go na dostawkę.

(...)

– *No, dzięki!*

J.: – No i pana Ziółkę sprzedałem na internę. Doktor go przyjdzie obejrzeć. A Pajda?

Lekarka: – Są wyniki badań.

J.: – Aha. Bez zmian. No dobrze, ale niech go jeszcze obejrzy neurolog. Panie Pajda, jeszcze pan tu chwilę zostanie.

Pajda: – Trzeba?

J.: – Bardzo trzeba. Bo ten niedowład to mnie niepokoi. Pan tu nie leży bez sensu. Mamy tu pana pod obserwacją. Patrzymy, czy panu niedowład nie wraca. A co pan taki skrzywiony. A, jądro! Dajcie panu Pajdzie ketonal! Idziemy! Kawy pan nie dopił.

Lekarka: – Zobacz. Był pacjent z bólem pachwiny.

J.: – I co?

Lekarka: – Pytam, gdzie go boli ta pachwina. I pokazuje mi na mostek.

J.: – No i?

Lekarka: – To pytam, skąd ta pachwina. A on mówi, że tak napisała pani doktor, co go wcześniej badała. To ja go pytam: „Dlaczego tak napisała?". A on: „Bo jakaś pojebana była".

J.: – I?

Lekarka: – I poszedł sobie.

J.: – Znaczy mało go bolało.

Przychodzi kolejny „zielony".

Pielęgniarz: – Pan sobie usiądzie w poczekalni. Jest chyba jeszcze jedno wolne krzesełko.

19.15.

– I co będzie? – pytam.

J.: – Z czym?

– Na dyżur pan nikogo nie znalazł.

J.: – No to sam pójdę. Od teraz widzi pan dwóch doktorów J.

Po dwudziestej idziemy przyjmować „zielonych".

– Siostra ma ranę na czole.

J.: – Tak, od kiedy?

– No od dwóch tygodni, od wypadku.

J.: – I co się dzieje?

– Krew sika z tej rany.

J.: – Ale nie sika przecież.

– Ale rano sikała. Była na poduszce.

J.: – A u chirurga pani była? Bo to chirurg się zna na gojeniu ran.

– A pan?

J.: – Ja się znam na ratowaniu życia: medycyna ratunkowa to moja specjalizacja. Była pani u chirurga?

– Tak.

J.: – I co?

– I mówił, że dobrze.

J.: – No to dobrze.

– A pan doktor co by sugerował?

J.: – Ja tam wolę nie sugerować. Niech nie klei plastra. Dopiero do spania. Siostra niech się przejdzie po powietrzu, to się rana podsuszy.

– Może lepiej zakleję. Bo śnieg.

J.: – Niech pani nie klei.

– A jak mokre spadnie?

J.: – To chusteczką się zdejmie.

– I już?

J.: – I już. Po więcej do chirurga.

– Siostra ma jeszcze nogę.

J.: – To dobrze.

– Ale chorą. Też rana z wypadku. Chce pan zobaczyć?

J.: – Nie.

– To może chociaż na zdjęciu. Zrobiłam zdjęcia tej nogi.

J.: – Nie. Nie znam się na gojeniu ran.

– A siostra ma leżeć czy chodzić?

J.: – Może sobie pospacerować.

– A widzisz? Słuchaj doktora, jak mnie nie słuchasz. A ja u pana doktora byłam w zeszłym tygodniu.

J.: – I jak?

– Omdlenia. Za mało sodu.

J.: – I co, soli pani kanapki?

– No, pamięta pan! Bo ja nie dosalałam. A teraz jak sobie pomidora posolę!

J.: – Pomogło?

– A jak.

J.: – No to się cieszę. I zdrowia paniom życzę.

Następny. Kolka nerkowa.

J.: – Muszę wysłać SMS-a. Na jutro na popołudnie nie mam lekarza. Żebym sam nie musiał ciągnąć.

Rozdział VIII

Triage – o bogach i bomisiach

EWA,
LEKARKA SOR-U:

Wie pan, co to jest bomiś? Takie co mówi: „Bo mi się należy". Bomisie są wszędzie. Ludziom się wydaje tak: „Wy od tego jesteście, ja na to płacę składki".

Wchodzi pan i pani na SOR, kobieta ubrana high level i mówi:

– Ja jestem prokuratorem, a to jest mój ojciec.

Więc pytam ją grzecznie: – A czy tacie oprócz tego coś dolega?

Czego wymagać od ludzi, powiedzmy, na jakimś przeciętnym poziomie, skoro człowiek z wyższym wykształceniem, który reprezentuje podobno inteligencję, jest w stanie się tak zachować? Jeżeli ktoś, kto ma pozycję społeczną, zachowuje się w ten sposób, to znaczy, że istnieje społeczne przyzwolenie na poniewieranie nami. Po prostu.

WOJTEK,
LEKARZ, WETERAN POGOTOWIA I SOR-U:

Na SOR-ze mamy przerób ogromny! I to jest opowieść o systemie. Bo przecież tak samo jak ratownik nie ma ochoty ryzykować i zostawiać zdrowego pacjenta w domu, tak samo jest z lekarzem.

Przyjechał człowiek na SOR z zaciętym palcem? U mnie będzie ten pacjent dokładnie zbadany. Pyta pan po co, skoro ma tylko zacięty palec? Proszę pana, zawsze może coś się zdarzyć. Amerykanie kiedyś robili badania. Dziesięć osób z ulicy wzięto na koronografię (badanie pozwalające ocenić drożność tętnic – przyp. red.). Okazało się, że sześciu z tych dziesięciu pacjentów miało krytyczne zwężenie tętnicy wieńcowej. Mogło to w każdej chwili zaowocować nagłą śmiercią. Żeby było jasne – oni żyliby z tym jeszcze pewnie wiele, wiele lat. Natomiast jeden z takich mógł trafić do mnie na SOR z zaciętym palcem. Wyjść i zejść. A więc jeśli taki chory wyjdzie z mojego oddziału i coś mu się stanie, to ja się wtedy nie wyplączę. Nie wyjdę z Wronek. Dlatego każdy chory, który już się zjawi i przekroczy drzwi mojego SOR-u, musi być zbadany.

I dalej. Bo skoro już został zbadany, to musi być zarejestrowany, muszę go opisać, to jest papierologia. Co miesiąc jakiś mądry urzędniczyna chce się wykazać i wymyśla jakiś nowy papier. W związku z tym dodajemy do naszej dokumentacji kolejne papiery, często w dwóch egzemplarzach. Robi się z tego coś takiego, że na każdego pacjenta mamy książeczkę papierów, które musimy wypełnić. Potem pacjent musi dostać kartę informacyjną: co się z nim działo, cośmy mu zrobili, jakie były badania i zalecenia oraz recepta. To jest dramat, to zajmuje nam zdecydowanie więcej czasu niż leczenie.

PIOTR, RATOWNIK MEDYCZNY
OD DWUDZIESTU LAT, ZWIĄZKOWIEC:

Wie pan, skąd jest nazwa SOR? To od: „Sorry, szybko pana nie przyjmiemy".

JANUSZ, LEKARZ SOR-U:

Oni muszą odczuć, że przyjście na SOR było błędem. Zderzyć się z obojętnością i chłodem. Tak, żeby nie próbowali już tu nigdy wrócić z jakąś pierdołą. Widziałem ich po wielekroć. Tych samych, zapomnianych, siedzących godzinami pokornie w kątku.

J., ORDYNATOR DUŻEGO SOR-U:

Staramy się unikać posyłania pacjentów na drzewo. Ale to frustruje. Jeśli ktoś do mnie przychodzi, oczekując, że załatwię mu jakieś sprawy związane z diagnostyką białaczki albo jakichś zaburzeń morfologii, to ręce opadają.

* * *

SOR przerobi ich bez pudła z cwanych „bomisiów" w potulnych potomków biblijnego Hioba. Będą doświadczani przez bogów SOR-u.

W końcu, jak zgnębiony Hiob, pokornie powiedzą:

„Wiem, że Ty wszystko możesz,
Co zamyślasz, potrafisz uczynić.
(...) Ja nie rozumiem.
Posłuchaj, proszę. Pozwól mi mówić!
Chcę spytać. Racz mi odpowiedzieć".
I o to chodzi!

WOJTEK, LEKARZ, WETERAN POGOTOWIA I SOR-U:

Wie pan, ludzie nie zdają sobie sprawy, że triaż to nie jest zabawa wymyślona przez lekarzy. To jest oddział ratunkowy. Warto się czasem zastanowić. „Gdzie ja się właściwie znalazłem?".

Tymczasem ludzie się nie zastanawiają i pokutuje jakiś „syndrom kolejkowy" – nie wiem, z czasów Gierka? Czy „przejściowych trudności zaopatrzeniowych" w stanie wojennym? Przyszła pani o godzinie 15.00 i siedzi. Aha, po dwóch godzinach jest pierwsza! Bo tamci, co przed nią, zostali już przyjęci. W tym momencie wjeżdża karetka z chorym w stanie ciężkim. A ona staje w drzwiach i mówi: „Ale ja byłam przed nim". Niebywałe, ale przecież to są notoryczne zachowania: „On był drugi, on był za mną!". To ja pytam: „Chce się pani zamienić? Naprawdę, chce być pani w takim stanie?". Część osób ma już świadomość, godzi się z tym, że trzeba czekać, że nie da się nic na to poradzić. Ale duża grupa nadal jest tak zapiekła w swoim poczuciu sprawiedliwości kolejkowej, że to rodzi bez przerwy konflikty i awantury.

ALICJA, REZYDENTKA MEDYCYNY RATUNKOWEJ:

Na SOR dziecięcy wczoraj przyszła matka z nastolatkiem z wrastającym paznokciem. Lekarka mówi:

– Proszę państwa, czy zdajecie sobie sprawę, że to jest oddział ratunkowy? Szesnastolatek, chłop jak dąb, z wrastającym paznokciem?

Mama: – Dzwoniłam dzisiaj do poradni, terminy są za osiem miesięcy.

– A dzwoniła pani gdzie indziej?

– Nie, bo pomyślałam sobie, że jak przyjadę tutaj na SOR, to będzie szybciej.

Na takie coś można się wściec. Ale przecież my też nie jesteśmy bez winy. Jak my z nimi rozmawiamy? Jak my ich czasem traktujemy? Wielu przecież nie wie, że przyszło z błahostką. Oni są przekonani, że jest źle, że umierają. Są wystraszeni, a my zamiast to zrozumieć, irytujemy się, że przyszli, że robią tłok.

Rozmawiamy o złych rzeczach: roszczeniowości pacjentów, agresji. Ale powiem panu, że ja jestem często naprawdę zdumiona ich cierpliwością. Ja wiem, dlaczego oni tak długo czekają, bo jestem lekarzem. Ale oni? Skąd mają wiedzieć? Co ich obchodzi źle działający system? Gdzie jest ich wina? Gdybym nie była lekarzem, przyszła do takiego SOR-u i czekała te osiem godzin, to mogłabym zareagować bardzo gwałtownie. Może rozniosłabym to wszystko w drzazgi. A oni? Czekają, dziękują, przepraszają. Dla mnie to zaskakujące, że jednak ci ludzie często darzą nas wyrozumiałością.

Więcej jest w pacjentach wyrozumiałości czy złości?

Dużo zależy od podejścia. Jestem młodym lekarzem, ale staram się do nich podchodzić profesjonalnie. Zacznijmy od takiej głupiej sprawy. Otóż lekarze bardzo często nie mają zwyczaju się przedstawiać. Nie mają zwyczaju informować o toku postępowania.

I jakie są skutki?

Proszę sobie wyobrazić, że pacjent czeka trzy godziny w SOR-ze. Jest oznaczony kodem zielonym, czyli nic bardzo strasznego mu się nie dzieje. Ot, przyszedł z lekkim bólem brzucha. Po trzech godzinach wzywają go do gabinetu. Lekarz chwilę z nim rozmawia, a potem po prostu wychodzi, rzucając zdawkowo: „Teraz proszę iść na poczekalnię, będzie pan czekać".

Ale na co czekać?

No właśnie. A tylko 15 sekund zajmuje wyjaśnienie: „Teraz zrobię panu badania krwi, pójdzie pan na rentgen klatki piersiowej, wyniki będą najwcześniej za dwie godziny, bo w takim czasie laboratorium zdąży to obrobić. Nie wiem, czy za dwie godziny do pana podejdę, bo mam tutaj piętnastu pacjentów, ale na pewno o panu nie zapomnę". Człowiek zrozumie, będzie czekał bez niepokoju, bez stresu, że o nim zapomniano. To nie wymaga wielkiej dyplomacji. Lekarz mówi: „Czeka pan dwie godziny, bo tak pracuje laboratorium". Konfliktu nie ma. Lekarz nic nie mówi. Pacjent po półtorej godzinie pyta: „Co ze mną", a w odpowiedzi zły doktor burczy pod nosem. Konflikt jest.

Mówi pani: „tylko 15 sekund".
Dlaczego się tak nie postępuje?

Pracowałam kiedyś za granicą, w systemie anglosaskim. Pacjentów wcale nie było mniej. Ale nie widziałam, żeby lekarz do pacjenta odezwał się niegrzecznie. Cierpliwie i w miły sposób tłumaczyli wszystko. Potem oczywiście klęli pod nosem: „Sto razy mu mówię i nic nie rozumie", ale nigdy w obecności pacjenta. U nas odezwać się po chamsku do pacjenta to jest norma. Myślę, że wynika to trochę z naszej polskiej mentalności, może ze złego wychowania. W polskiej ochronie zdrowia bardzo mały nacisk kładzie się na kulturę i podejście do pacjenta. U mnie na studiach w ogóle się o tym nie mówiło.

Aż 55 proc. pacjentów jest gotowych na zastąpienie lekarzy przez zaawansowane technologie oraz roboty wyposażone w narzędzia sztucznej inteligencji. Od blisko połowy aż do nawet 73 proc. respondentów preferowałaby wykonywanie drobnych zabiegów chirurgicznych przez roboty, a nie przez lekarzy. Jednak w przypadku poważnego zabiegu chirurgicznego, takiego jak wymiana stawu kolanowego lub biodrowego, usunięcie guza czy operacja serca, sytuacja była zdecydowanie odmienna. Wciąż jednak znaczący odsetek respondentów był chętny poddać się poważnemu zabiegowi wykonywanemu przez robota: od 27 proc. w Wielkiej Brytanii, przez 40 proc. w Holandii, aż po 69 proc. w Nigerii.

Źródło: Raport PwC *Dlaczego sztuczna inteligencja i roboty na nowo zdefiniują opiekę zdrowotną*, 2017 r.

STANISŁAW,
PIELĘGNIARZ NA SOR-ZE:

Potrafię różne rzeczy medyczne wytłumaczyć. A lekarz nie tłumaczy. Lekarz nie ma czasu. Często słyszę od ludzi: „Dobrze, że pan jest, bo pan zawsze uśmiechnięty". Uśmiecham się, bo pacjenci się boją, boli ich, chciałbym pomóc. Na dodatek pracuję w małym mieście. Nie możesz być chamem, bo tu wszyscy się znają. A ja naprawdę umiem z pacjentami rozmawiać, kobieta za godzinę idzie zadowolona do domu, a była umierająca. To też kwestia języka, lekarz może czasem nie chce się zniżać do pewnych poziomów, ale trzeba się do pacjenta dostosować.

JAN, POCZĄTKUJĄCY LEKARZ:

Słyszy się na studiach, że pacjenci są bezczelni. Albo: „Pamiętaj, pacjent zawsze kłamie". I jak przychodzi co do czego, wychodzi, że pacjent kłamie przy lekarzu, ponieważ lekarz zachowuje się tak, że pacjent boi się powiedzieć prawdę.

Czyli jak?

Przykład ze szpitala psychiatrycznego. Dwa lata temu z powodu uszkodzenia mózgu na trzy dni znalazłem się w szpitalu psychiatrycznym jako pacjent. Moim „współwięźniem" był chłopak przywiązywany pasami, taki zombie. Nic nie kontaktował. Z nikim nie rozmawiał. Słyszał głosy, widział jakieś zjawy. Wszyscy mówili: „Schizofrenia, no wariat". Przypadek chciał, że mieliśmy wspólną znajomą, kiedyś spotkaliśmy się razem. On mnie poznał. Kiedy nie było nikogo w pobliżu, mówi do mnie: „Cześć, co ty tu robisz?". Zaczynamy rozmawiać. Gadałem z tym chłopakiem, bo mi się nudziło. I otworzył się przede mną. Okazało się, że się obwinia. Jego koleżanka przez niego wzięła jakąś substancję psychoaktywną. Były komplikacje, bezpośrednie zagrożenie życia. To nim tak wstrząsnęło, że uznał, że musi się ukarać. Czyli trafić do szpitala psychiatrycznego. On był chory psychicznie jak diabli. Tylko że nikt nie rozpoznał, na czym polega jego choroba.

Przekonałem go, żeby porozmawiał z lekarzami, bo dopiero wtedy, kiedy poznają jego prawdziwą chorobę, będą mogli mu pomóc. Nigdy nie rozmawiał z lekarzami. Następnego dnia podczas obchodu lekarz w ogóle nie spodziewał się żadnej rozmowy, a tu słyszy: „Panie doktorze, ja chciałem się do czegoś przyznać. Ja udaję schizofrenię, nie słyszę głosów, nic nie widzę, sprawa jest związana z historią mojej dziewczyny i z narkotykami". I tak leci szczerze. A lekarz na to: „Ach, znowu pan coś nowego wymyśla?". I poszedł. To nawet nie było tak, że go zbył. To była zwykła pogarda. Jak lekarz wyszedł, on spojrzał na mnie i powiedział: „Mówiłem ci, że nie będą mnie słuchać".

JANUSZ, LEKARZ SOR-U:

Wielu ludzi przychodzi, bo leczyło się u dr. Google i dr Wikipedii. Oni sobie już wyczytali, oni wiedzą najlepiej: „Pan mi wypisze to i to, bo ja mam to i to".

– Ale jest pan pewien?

– Tak.

– No to po co pan przyszedł, skoro pan wie?

– No po receptę przyszedłem. Sam sobie przecież nie wypiszę. Ale już sobie rozpoznałem.

J., ORDYNATOR DUŻEGO SOR-U:

Problemem są lekarze rodzinni i system medycyny rodzinnej, który jest gówniany. Lekarz rodzinny ma środki, które wystarczają na dobre prowadzenie praktyki i przyzwoite życie. Ale najbardziej opłaca mu się nie robić nic. Bo ma płacone nie za leczenie ludzi, ale ryczałt od liczby pacjentów, którzy są do niego zapisani. Idealna sytuacja? Mieć maksymalnie dużo pacjentów, którzy nie przychodzą się leczyć. A jak już przyjdą? To leczyć ich „oszczędnie". Co to znaczy? Jak trzeba koniecznie zrobić jakieś badanie, to najlepiej, żeby zrobił to ktoś inny. Kto? SOR! To jest patologia, która zżera system ochrony zdrowia i niszczy system medycyny ratunkowej. Czasami dzwonimy spytać, w jakim celu wysłali do nas pacjenta. I jest awantura na dzień dobry – jak śmiemy podważać ich kompetencje. I nawet żeby zrobić rentgen, potrafią wysłać do szpitala. Wypiszą cel skierowania: zrobienie RTG.

JANUSZ, LEKARZ SOR-U:

SOR to proza życia. Widzi pan kolejnego pacjenta. Starszy pan zgłosił się, bo ma zatrzymanie moczu. I dylemat.

Jaki?

Nie założę mu cewnika, to pójdzie stąd i pęknie mu pęcherz.

To niech pan założy.

Mogę, ale jak ich przyzwyczaimy, to będą zawsze przychodzili na SOR. Oni są cwani. Przychodzą, bo wiedzą, że u nas jest łatwiej, że my się ulitujemy. Jego lekarz rodzinny taki nie jest, choć powinien.

Nie przesadza pan?

Nie, choć wiem, że jest wielu porządnych lekarzy rodzinnych. Ale mówię o tych, którzy piszą na kartkach, co pacjent ma mówić, żeby przyjechała karetka, i jak ma „zeznawać na SOR-ze".

Skąd pan wie, że piszą?

Bo jak jeżdżę w karetce, to znajduję te kartki na nocnych stolikach u pacjentów.

A ten pan z cewnikiem?

Lekarz rodzinny napisał: „Próba cewnikowania nieudana". Kłamie, nawet nie podjął takiej próby.

Skąd pan wie?

Pogadałem z pacjentem, i on mi w końcu powiedział, jak było. A cewniki to u mnie na SOR-ze zakładają studenci.

To dlaczego rodzinny nie chce?

Bo ubrudzi sobie spinki do mankietów.

WOJTEK, LEKARZ,
WETERAN POGOTOWIA I SOR-U:

Naprawdę nie ma dyżuru, na którym nie byłoby takiej sytuacji, że między godziną dwudziestą czwartą a ósmą rano przychodzi ktoś i nam melduje: „Brzuch mnie boli od siedmiu dni, myślałam, że mi przejdzie, ale nie mogę spać, to przyszłam". Która jest? Trzecia w nocy.

No, standard! Nie było dyżuru, żeby nie przychodzili ludzie, którzy sami sobie notorycznie szkodzą. To są pacjenci, którzy wracają do nas jak bumerang, nie ma miesiąca, żeby nie byli u nas chociaż dwa razy.

„O, jest! A co to się stało? Jasne, napił się?" Mówię mu: „Panie, ma pan chorą trzustkę, ma pan schorzenia, które absolutnie wykluczają spożywanie alkoholu". Nie działa! Są chorzy z padaczką, którzy zażywają leki i chleją! Są chorzy z przewlekłym zapaleniem trzustki, gdzie każda dawka alkoholu im to zaostrzy. Przychodzą narąbani.

– Panie, znów pan się napił.

– No tak, teść miał urodziny!

– Ma pan zakaz, nie wolno panu pić.

– Przecież mówię chyba wyraźnie, że teść miał urodziny! Jak to, nie wypić? Jak pan sobie to wyobraża?

Jak ja sobie wyobrażam? To oni po prostu nie wyobrażają sobie innego sposobu życia. A ja ich muszę leczyć, bo „po to tu k… jesteś, a ja płacę składki przecież".

ALEKSANDRA,
PIELĘGNIARKA NA SOR-ZE:

SOR to szpitalny oddział ratunkowy! Nagłe przypadki! Ludzie tego nie rozumieją. Przychodzą na SOR ze wszystkim, z każdym błahym problemem. Nie wspomnę o pijakach. W dodatku wymagają cudu!

A cudu nie ma. Jest codzienność, muszą poczekać w kolejce. I natychmiast są pretensje, skargi, awantury. Brak nam edukacji społeczeństwa! A będzie tylko gorzej, bo nikt nie garnie się do pracy w szpitalu. Lekarzy coraz mniej, pielęgniarki odchodzą na emeryturę, młodych, chętnych nie ma.

ALICJA,
REZYDENTKA MEDYCYNY RATUNKOWEJ:

Pacjenci często kłamią. SOR jest takim miejscem, gdzie oczywiście jest bardzo dużo ludzi ciężko chorych, którzy nie uzyskali pomocy gdzie indziej. Ale są też pacjenci, którym lekarz rodzinny powiedział, że na przykład mają zrobić tomografię brzucha w trybie planowym. Na to się długo czeka. Ale jak pan pójdzie na SOR i powie, że pan... Dają dokładne instrukcje, co mówić, żeby przyjęli na SOR.

WOJTEK, LEKARZ,
WETERAN POGOTOWIA I SOR-U:

To wina upadku podstawowej opieki zdrowotnej, tej przed szpitalem. To wynika z niedoboru placówek, lekarzy, bo jeśli chory z gorączką 40 stopni dostaje zapalenia płuc, a termin do swojego lekarza rodzinnego ma za cztery dni, to cóż ma zrobić? Przychodzi do szpitala na SOR, bo tam od razu zapewnią mu opiekę. Ludzie to wiedzą, ludzie się już wycwanili, w związku z tym szpitale zaczynają być przeciążone chorymi, którymi nie powinni się zajmować. No, ale skoro system jest niewydolny, to trudno się postawom roszczeniowym dziwić. To jest reakcja na totalny upadek opieki zdrowotnej.

I mamy błędne koło. Szpitalny oddział ratunkowy powstał po to, żeby w krótkim czasie w tak zwanej złotej godzinie zdiagnozować, ustabilizować pacjenta w ciężkim stanie. Chorych w ciężkich stanach internistycznych, kardiologicznych, po ciężkich wypadkach, takich, którzy wymagają szybkiej diagnostyki i decyzji, na który z oddziałów mają być przyjęci. I od tego są lekarze sorowscy, od tego jest cały SOR, cała struktura szpitalnego oddziału ratunkowego, żeby takiego chorego ustabilizować, zdiagnozować i wysłać na oddział, który dalej go będzie leczył w trybie pilnym.

Tymczasem mamy tu grypy, kaszle, alergie. Wszystko.

ALICJA,
REZYDENTKA MEDYCYNY RATUNKOWEJ:

Dorosła kobieta. Matka, żona. Nagle bardzo ciężko zachorowała, schudła, nikt nie wiedział, co jej jest. Zaburzenia elektrolitowe nie wiadomo skąd. Wielodniowa diagnostyka nie daje odpowiedzi. Nagle jej mąż mówi, że ona bierze środki odwadniające. Na początku milczał, chciał, żeby ona sama się do tego przyznała. W końcu jednak nie wytrzymał.

– Jakie konkretnie środki żona bierze?

Pada nazwa. Lek używany normalnie w terapii nadciśnienia tętniczego.

– A skąd je ma?

– No, importuje sobie to z Niemiec.

– A ile tego bierze?

– Potrafi wziąć opakowanie leku codziennie.

Jedno opakowanie to jest miesięczna dawka.

Wstydziła się przyznać. Przecież to normalna kobieta. Lat około czterdziestu. I ja nawet rozumiem ten stres. Że jak trafiła na SOR, to ze strachu mogła tego nie powiedzieć. Ale skoro leżała już dwa tygodnie na oddziale? Skoro wszyscy lekarze wokoło łamali sobie głowę: „Co to jest?". I nagle przychodzi mąż i mówi: „Szanowni państwo, otóż jest taka głupia sprawa, że małżonka zjadała miesięczną dawkę leku na nadciśnienie w jeden dzień". Kto może się spodziewać takiego zachowania po zdrowej na umyśle, dorosłej osobie.

WOJTEK, LEKARZ, WETERAN POGOTOWIA I SOR-U:

Ciemnota medyczna jest koszmarna, dramatyczna. Ciągle spotykam ludzi, którzy sami sobie usiłowali pomóc, biorąc leki „od sąsiadki".

– Dlaczego pani je brała?

– A, bo te zielone tabletki to mi kiedyś pomogły i sąsiadka mi znów dała.

Przychodzi i opowiada, że już przez tydzień leczy się tabletkami od sąsiadki. Totalnie od czapy. Robi sobie w końcu w organizmie miszmasz lekowy. I zaczyna być naprawdę groźnie.

Bo nawet witamina C nie jest obojętna. Nawet zwykła aspiryna może zabić człowieka, i mówię to na serio. Nie zdajemy sobie sprawy, jak samodzielnie ordynowanymi lekami możemy sobie popsuć zdrowie. To są często historie dramatyczne. Ludzie, którzy sami próbowali sobie pomóc, trafiają do nas bardzo często. Ryzyko zwiększa jeszcze to, że w sprzedaży pozaaptecznej jest mnóstwo leków, które są niezwykle szkodliwe. Nawet etopiryna wzięta w zbyt dużej ilości powoduje ciężką niewydolność nerek, czasami wymagającą dializy.

Rozmawiałem z kolegami, którzy pracują w Anglii, Norwegii, Szwecji. Tam ten procent mniej oświeconych medycznie jest zdecydowanie mniejszy niż w Polsce. Ale naturalnie to nie jest specyfika tylko Polski. Wszędzie znajdą się tacy ludzie, którzy szkodzą sobie idiotycznym zachowaniem.

J., ORDYNATOR DUŻEGO SOR-U:

Lekarze nie chcieli pracować na SOR-ze. Dyrektor nie miał wyjścia. Musiał podnieść stawki. No i zaczęły się pretensje: „Dlaczego oni mają więcej?". Dyrektor na to: „Chcesz mieć więcej, idź dyżurować na SOR". I co? I nic. Dalej nie ma ludzi. Nie chcą i tych pieniędzy, i tych obciążeń. Wytrzymują rok, maksymalnie półtora i zmieniają pracę. Ludzi, którzy u nas pracują ponad dwa lata, jest bardzo niewielu. Dla mnie medycyna ratunkowa to piękna dyscyplina. Ale rozumiem, jak ludzie pytają: kto chce pracować w takim bagnie?

STANISŁAW,
PIELĘGNIARZ NA SOR-ZE:

Lekarze są przemęczeni? No są, ale w sumie kto ich może zmusić do dyżurowania? Chciwość tylko. Nie wiem, jak jest gdzie indziej, ale u nas w szpitalu za godzinę na SOR-ze lekarz bierze 70 złotych. Czyli za 24-godzinny dyżur ma 1680 złotych. No to jak takiego czegoś nie pociągnąć?

Tym bardziej że załoga lekarza szanuje, boi się pana doktora. Pielęgniarki, ratownicy robią rzeczy przekraczające ich kompetencje. Dlaczego? Żeby doktora nie budzić. Będzie zły, będzie oczy wybałuszał. To już lepiej się poświęcić, trochę zaryzykować dla świętego spokoju.

ALICJA, REZYDENTKA MEDYCYNY RATUNKOWEJ:

To klasyka polskich szpitali, że góra nienawidzi SOR-u, a SOR nienawidzi góry. Góra nienawidzi SOR-u, bo przysyłamy im za dużo pacjentów, a dół nienawidzi góry, bo nie przyjmują pacjentów. Ociągają się. I pacjenci zalegają u nas.

Myślę, że żaden szpital nie lubi swojego SOR-u, bo my im dostarczamy roboty. Oni jakby nie do końca rozumieją realiów naszej pracy na SOR-ze. Jakby nie wiedzieli, po co jesteśmy na tym świecie. My widzimy w ciągu doby dyżuru na SOR-ze wielu pacjentów. Nie mamy być internistami, pediatrami czy chirurgami. Nasze zadanie: podejmować szybkie i trafne decyzje logistyczne i diagnostyczne.

Nie jest naszą rolą robić te szczegółowe wywiady, pytać o choroby z dzieciństwa. Ale interna oczekuje, że my, dostarczając im pacjenta na górę, opiszemy go w systemie tak, jak oni by chcieli, z dokładnym wywiadem internistycznym, opisując każde znamię na skórze, i ustalimy kompletną terapię, a oni tylko wypiszą zlecenia.

J., ORDYNATOR DUŻEGO SOR-U:

My mamy taką samą jakość intensywnej terapii, resuscytacji jak na Oddziale Intensywnej Opieki Medycznej. Ale chodzi o to, że miejsce w SOR-ze jest potrzebne dla następnych napływających. Nawet jeśli w tej chwili ich nie ma, to w każdej chwili mogą być. Więc naszym zadaniem, i tym jesteśmy zainteresowani, jest szybko zrobić swoje i szybko przekazać naszych chorych na górę. Natomiast zawsze jest problem z tym przekazywaniem, zawsze koledzy nie mają miejsca. A nie jest to nasze widzimisię. W sytuacji nagłej chcemy uniknąć dylematu, czy zajmować się dalej tym chorym, czy zaopiekować się innymi. Komuś może się pogorszyć, a my przeoczymy stan zagrażający życiu. Chcemy tego uniknąć. Ale słyszymy: „Dacie radę". Oni nie mają miejsc. A my na SOR-ze robimy dostawki. Czyli skoro my możemy, to i koledzy na oddziale wewnętrznym też by mogli. Ale widać to nie leży w ich interesie. I w końcu wychodzi na to, że nikt nie przyjmie naszego pacjenta. Jak już klepniesz pacjenta, to jest twój „na zawsze". Nie przekażesz go, choćby inne oddziały świeciły pustkami.

JAN, POCZĄTKUJĄCY LEKARZ:

Karetki przywożą odwodnionych, niedożywionych, z odleżynami. SOR przekazuje ich na internę. I interna zamienia się w hospicja. Mamy pacjentów, którzy leżą po dwa tygodnie, a mamy takich, którzy leżą po trzy miesiące i umierają powoli. Nie można ich wyrzucić, mimo że są nieubezpieczeni. Bo jak ich wyrzucić? Dokąd? To byłoby nieludzkie.

ZAPISKI Z CZASÓW, GDY PRACOWAŁEM JAKO SANITARIUSZ, ZBIERAJĄC MATERIAŁ DO KSIĄŻKI *MALI BOGOWIE*

Kiedy idę po szpitalnym korytarzu w białym kitlu, starsze panie biorą mnie zawsze za lekarza. Znam je już z twarzy – przecież mijam je dziś już „setny raz", a one czekają. Nie są na tyle chore, by na triażu dostać „żółtą" nalepkę. Więc będą siedziały tak długo, aż zrobi się okienko i będzie je można przyjąć.

Kiedy się zbliżam, panie nieruchomieją. Cichną. Wbijają we mnie oczy. A ja? Odwracam głowę. Udaję, że dzwoni mi komórka. Jestem zmęczony, wiem, że nie mogę im pomóc. Po pierwsze, jestem tylko sanitariuszem albo udaję ratownika. A po drugie? Kimkolwiek bym był, i tak im nie pomogę.

Nie ma miejsca, czasu, łóżek, rąk do pracy. System ma swoje algorytmy, procedury, opłaty. Ból, strach, niecierpliwość, zmęczenie nie zostały przewidziane przez ustawodawcę.

Czasem, sporadycznie, zdarza mi się trafić na SOR od „drugiej strony". Najczęściej towarzyszę znajomemu albo komuś z rodziny.

Po kilku godzinach oczekiwania każdy człowiek w białym kitlu, który mnie mija, wzbudza nienawiść – choć wiem doskonale, że nie jest niczemu winny, że nie może niczego zmienić.

JANUSZ, LEKARZ SOR-U:

Czasem czujemy się jak „obiekty, na które się poluje". Karteczki na płotach. Na drzewach dookoła szpitala. Wkładane za szyby samochodowe. Kancelarie prawne namawiają pacjentów, by występowali o odszkodowania: „Uważasz, że jesteś ofiarą błędu medycznego?", „Nie pobieramy opłat wstępnych", „Zostałeś poszkodowany? Bezpłatna weryfikacja", „Honorarium tylko po wygranej sprawie". Pacjent ma prawo żądać najwyższego „standardu opieki", „szybkiej diagnozy", „pełnej informacji". Jak to się ma do tego młyna na SOR-ze? I pojawiają się wątpliwości, od czego specjalistą jest lekarz medycyny ratunkowej. Bo to specjalność po trosze z różnych dziedzin – ale przecież niedogłębna. Sprytny prawnik zawsze spyta: „Skoro był zawał, to dlaczego nie zajął się pacjentem kardiolog? Czy prawdą jest stwierdzenie, że to kardiolog jest specjalistą od chorób serca?". Idźmy dalej. Udar? No to chyba neurolog, a nie lekarz medycyny ratunkowej, prawda? Złamanie? Ortopeda. Możemy tak długo.

J., ORDYNATOR DUŻEGO SOR-U:

Tak, skarżą się na lekarzy. Ciągle. Nikt nie jest święty, ale skargi przeważnie są nieuzasadnione. Całkiem obiektywnie patrząc, część tych skarg wynika z braku zrozumienia, z niewiedzy. Natomiast spora część to jest ewidentnie zła wola, próba wymuszania, próba zemsty.

LIST OD CÓRKI PACJENTKI

Szanowny Panie Redaktorze,

przeczytałam dzisiaj w fragment pana książki *Mali bogowie*, dobrze współbrzmi z moją wściekłością, oburzeniem, bezradnością. Mam mamę w stanie terminalnym (parkinson, który już dawno temu ją unieruchomił, trzy udary, bez kontaktu, nie mówi, nie łyka, karmiona przez PEG – to taka rurka do żołądka).

W zeszłym tygodniu rozwinęło się zapalenie płuc, przyszła padaczka, musiało ją zabrać pogotowie, na SOR.

Mama ma szczęście, bo od razu trafia na salę wstrząsową, czyli jakoś się nią zajmują (chyba). Wiadomo – tam nie mogę wejść. Siedzę w poczekalni, ze mną ludzie, którzy czekają do ortopedy albo chirurga. Dziś przyjmuje tylko ortopeda, ale właśnie nie przyjmuje, bo operuje na oddziale.

Jest godzina osiemnasta. Siedzi zrezygnowana starsza pani, którą przyjęto o godzinie dziewiątej, poszła na założenie gipsu, potem zrobiono jej rentgen i miała wrócić, żeby lekarz zobaczył, czy kość dobrze złożona, gips prawidłowy. Ale lekarza już nie było (poszedł na oddział).

Pani czeka. Co chwilę zaglądają syn z synową, czy może już? Czy mogą ją odwieźć do domu. Innej niemłodej pani puchnie coraz bardziej czerwieniejąca ręka. O ile dobrze słyszałam, niedawno miała zabieg cieśni nadgarstka i chyba jakieś zakażenie. Bardzo ją boli.

Czekamy. Nerwy i nuda. Ratujemy się czarnym humorem. Ktoś flamastrem zaznacza tej pani granicę, dokąd sięga czerwona opuchlizna. Czas płynie, kreska przestaje oddzielać miejsce zdrowe od chorego.

Patrzymy, jak najpewniej posuwa się lewą ręką do góry zakażenie.

Lekarza wciąż nie ma, bo operuje – takie głosy dochodzą. Nerwowo chodzi pani z ręką na chuście – ma dodatkowo podbite oko i zszyty łuk brwiowy, rano upadła na chodniku, jest już zaopatrzona, tylko jeszcze nie wiadomo, co z ręką. Zjawia się lekarz (dochodzi dwudziesta). Pomału wchodzą ludzie z kolejki, bo co pewien czas przyjmuje chyba tych przywiezionych przez karetki, a niekiedy znika z gabinetu, dwa razy przyuważają go, jak wraca z bułkami.

Kiedy do gabinetu weszła pani z ręką na chuście (zszyty łuk brwiowy itd.), a potem jakaś dziewczyna, czujemy się, jakbyśmy oglądali film wojenny, gdzie odbywa się przesłuchanie na gestapo (starsi może mają realistyczne wspomnienia, niestety) – nie sposób nie słyszeć dzikich wrzasków, wycia i jęków, dobiegających zza drzwi – lekarz bez znieczulenia nastawia kości, bo to były złamania z przemieszczeniem.

Pani z opuchlizną i czerwienią wychodzi (około godziny 23.30), jest lekko zdumiona. Bo lekarz stwierdził, że kość nie jest naruszona (myśmy zdiagnozowali to z daleka) i kazał jej zrobić badania krwi, poszła, teraz czeka na wyniki. Ręka puchnie coraz wyżej, pani zwisa z bólu z krzesełka. Nie wiem, czy zabiła ją sepsa, bo tuż po północy poszłam do domu, a pani wciąż czekała na wyniki krwi.

Moją mamę zatrzymali do rana na SOR-ze. Bo coś z sercem, z płucami. Obserwują. Dzwonię rano. Po południu przeniosą ją na oddział. O godzinie czternastej (urwawszy się z pracy) przyjeżdżam, idę na salę, gdzie pod monitorami leży mama (to już nie jest sala wstrząsowa – łagodniejsza nieco).

Lekarz szuka oddziału. Sam przyznaje (miły, młody), że jest kłopot, bo to szpital kliniczny i oddziały lubią czyste choroby: jak serce – to tylko ono, jak płuca – to samiutkie chore, jak choroby neurologiczne to bez domieszek innych schorzeń. W końcu tenże lekarz namówił pulmonologię na przyjęcie mamy (bo zapalenie płuc; ona od ośmiu miesięcy leży w domu, ma pełną opiekę i stosowny sprzęt – oczywiście wszystko opłacam prywatnie, bo państwo nie zapewnia mi niczego poza jedzeniem, choć sama chcę się zajmować mamą).

Jest godzina piętnasta. Mamie jeszcze czasami pobierają po coś krew. Wtedy mnie wypraszają. Wracam. Całe szczęście – bo jest duży nawiew z klimatyzacji, a mama leży ze zdjętym z boku kocykiem, podwiniętą bluzką, gołą piersią – ma zapalenie płuc i nawiew świeżego powietrza. Przykrywam ją. Czekamy. Krew. Wypraszają. Wracam. Bez kocyka i bluzki. Poprawiam. Czekamy. Nie ma sanitariuszy, którzy przewieźliby ją na wybłagany oddział. Bo podobno na zmianie na całym SOR-ze pracuje ich... czterech!

Wreszcie litują się ratowniczki z SOR-u (pewno dlatego, że ja się tam plączę bez przerwy) i choć im nie wolno odchodzić z posterunku, jadą na pulmonologię z łóżkiem. Uff, jesteśmy na oddziale. Dochodzi godzina osiemnasta.

Na oddziale dowiaduję się, że muszę przywieźć mamy lekarstwa neurologiczne, bo nie mają, i jedzenie przemysłowe do karmienia przez PEG. To ciekawostka, bo na innych oddziałach (na przykład na neurologii poudarowej) takie jedzenie mieli.

Tym bardziej że mnie pod koniec każdego miesiąca pyta firma dostarczająca te porcje (ma podpisany kontrakt z NFZ, Fundusz płaci za żywienie), czy pacjentka była w szpitalu i jak długo. O tyle porcji, ile zjadła w szpitalu, zmniejsza mi dostawę na następny miesiąc. No więc jadę do domu po lekarstwa i jedzenie (jeśli go nie przywiozę, będą mamę karmić przez rurkę miksowanym jedzeniem szpitalnym – to naprawdę nie ta sama wartość i rurka może się zapchać, a wtedy zabieg wszczepienia nowego PEG). Przywożę. Jest godzina dwudziesta pierwsza.

Następnego dnia rano jestem na oddziale. Mama ciągle na korytarzu (trochę dziwne, bo w salach są wolne łóżka). Leży w tej samej bluzce, w której ponad dobę wcześniej zabrało ją pogotowie, choć na szafce zostawiłam wieczorem nową bluzkę. Idę do pielęgniarki, pytam, czy coś dostała do jedzenia (przez dobę na SOR-ze szły tylko kroplówki). „Jadła, nie jadła... Ona nie chce łykać" – mówi zniesmaczona pielęgniarka. Umieram ze strachu. „Ona nie łyka! Ma żywienie przez PEG!". Pielęgniarka robi się czerwona: „Przepraszam, pomyliłam pacjentki". Chcę wierzyć, że to prawda. Choć niepokoi mnie, czym była pochlapana kołdra (zastanawiałam się, jak przyszłam, i bezmyślnie próbowałam to zdrapać z pościeli). I wczoraj mówili, że żywienie przemysłowe ma tylko jeszcze jakiś pan. Jadę do pracy. Wracam pod wieczór. Poszewka na kołdrze zmieniona, czysta. To budzi moje największe podejrzenie, no ale mama nieuduszona.

Podczas kolejnych dni chodzę, proszę pielęgniarki o pomoc (mama jest sztywna i bezwładna, w pojedynkę trudno coś przy niej zrobić), żeby zmienić jej bluzkę, przewrócić na plecy albo na drugi bok (zgodnie z zaleceniami ma być przewracana co dwie godziny, a faktycznie, ile razy przyjdę, zastaję ją w pozycji sprzed wielu godzin).

Po sześciu dniach udało mi się mamę zabrać do domu. Potrzebny transport, karetka ma być o godzinie siedemnastej (wiem, że mogą być opóźnienia, już tego doświadczyłam, kiedy ją zabierałam po udarze). Czekamy. Czekamy. Czekamy. Miła pani doktor na dyżurze prosi pielęgniarki, żeby zadzwoniły. Karetka ma być za pół godziny. „Przepraszam" – mówi pani doktor. „Mamy jedną transportującą karetkę na cały szpital". O 19.30 odjeżdżamy. Jeszcze tylko trzeba poczekać na windę, bo działa jedna.

Panie pielęgniarki oddały mi lekarstwa, które przyniosłam z domu. Ponieważ nie sprawdzałam, potem zobaczyłam, że dodały mi jakieś tabletki, których ja nie przywoziłam, a mama chyba nie brała (bo nie było ich w wypisie). Oddały mi też jeden nadprogramowy worek żywienia. Chciałam zostawić dla jakiegoś nieszczęśnika, którego przywiozą z PEG, a rodzina błyskawicznie nie zadziała. „Nie, nie potrzebujemy. Przełożona zamówiła cały karton". Hmm, to dlaczego nie zamówiła wtedy, kiedy była tam moja mama? Nauczyła się na jej przykładzie?

W domu oglądamy mamę. Na SOR-ze trzech ratowników pytało, skąd przyjechała taka zadbana staruszka. Bez cienia odleżyn. Teraz, po sześciu dniach, widzimy czerwone plamki na piętach, czerwień pod piersią, czyli zapowiedzi nadchodzących odleżyn. Odmywamy ją z grubej warstwy sudocremu (zapobiegawczo wysusza) i z kleju po elektrodach.

Wpadamy w panikę, że przestały jej funkcjonować nerki. Nie sika przez czternaście godzin. Kiedy ją dopoiłyśmy, sprawa się rozwiązała. Czyli sędziwy, schorowany człowiek był w szpitalu niedostatecznie nawodniony. Jeszcze miałyśmy zapchaną rurkę PEG (sama widziałam, że po wstrzykiwaniu rozpuszczonych lekarstw pielęgniarki nie przepłukiwały rurki ciepłą wodą – nie mogłam przecież cały czas pouczać, no, głupio, niegrzecznie, znielubiłyby mnie i moją mamę). W panice rozpuszczałyśmy zaschnięte warstwy, zmniejszające światło, gazowaną wodą i colą.

Wiem, że cały system jest beznadziejny. Że na oddziale jest za mało pielęgniarek, za mało sanitariuszy. Nie mogę spokojnie słuchać, jak minister opowiada banialuki, że niepotrzebne są oddziały geriatryczne, których i tak prawie nie ma, że geriatrzy będą tylko konsultowali. Bzdury! Cała Europa się starzeje i idzie w inną stronę w opiece. No więc oprócz ministra Radziwiłła wszystko rozumiem, ale również wiem, jak nawet w złym systemie wszystko zależy od ludzi. Moja mama latem była na neurologii przy ulicy S. O tym szpitalu pół złego słowa nie mogę powiedzieć. Wszystko funkcjonowało. I lekarze sami z siebie kontaktowali się z rodzinami, podczas gdy zazwyczaj trzeba na nich polować z zasadzki.

Bardzo często wystarczyłyby empatia i odrobina zwykłej ludzkiej serdeczności, ale humanistyka jest nazbyt lekceważona, więc i z inteligencją emocjonalną są kłopoty.

Bez sensu piszę do Pana. Bo i po co? Chyba to po prostu terapia dla mnie, odreagowanie po świeżych bardzo doświadczeniach z SOR.

Pozdrawiam
M.K.

NOTATKA Z AMBULANSU

Krzysio nie ma nóg. Dlatego mówią na niego „Kadłubek". Ma podłączony cewnik na stałe. A żona podnosi go na specjalnym „dźwigu". Odziewa Krzysia w specjalne ubranko, oplata pasami i podpina do haka. Potem przełącza guziczek i Krzysio jedzie do góry. Można podstawić wózek i opuścić Krzysia na niego. A jak blisko, to można podjechać też dźwigiem, bo to dźwig na kółkach.

Małżonka podwozi Krzysia do noszy, żeby nam było wygodniej. Głaszcze go. Krzysio się marszczy, nie lubi żony.

Czasami jak przyjeżdżamy, mówi do nas cicho:
– Zostawilibyście mnie. Ja bym już umarł.

– To czemu nie umierasz?

Wtedy Krzysio patrzy na żonę z wyrzutem.

Mówią, że małżonka żyrowała kredyty. Teraz ma komornika na karku. Żyje głównie dzięki rencie Krzysia. I dlatego kocha go, pieści, leczy i nie dopuszcza myśli, że zostanie wdową.

Krzysio ma infekcję bakteryjną. Lekarz rodzinny zapisał mu dwa rodzaje antybiotyków – najprostsze, więc Krzysiowi nie pomogły. Teoretycznie powinien wezwać karetkę transportową i odesłać Krzysia do szpitala – ale po chuj ma obciążać budżet swojego POZ-u płaceniem za jakąś karetkę?

Wie, że żona Krzysia nie wytrzyma i coś wymyśli. Żona nie wytrzymała czwartego dnia, bo Krzyś ma 40 stopni gorączki i nie potrafi jej zbić. Zadzwoniła do przychodni.

Lekarz: – Nie mam mocy, żeby dziś przyjechać.

Po osiemnastej zadzwoniła do nocnej pomocy lekarskiej. Tam się okazało, że Krzysio może mieć sepsę, czyli zakażenie ogólne. To wymaga natychmiastowego wezwania karetki.

Rafałek: – Gówno ma, nie sepsę. Tylko te baby z NPL tak chytrze prowadzą rozmowę, że zawsze im wyjdzie albo sepsa, albo zawał, albo coś, do czego trzeba wezwać karetkę.

Żona: – Mogę jechać z wami?

– Nie.

– To dam mu chociaż wodę. Przyjadę do ciebie, Krzysiu!

Krzysio odwraca głowę.

PRZEMEK, LEKARZ PRACUJĄCY NA SOR-ZE W DUŻYM MIEŚCIE:

Dramaty SOR-ów to jest kwestia totalnego braku kadr. W takim SOR-ze lądują rezydenci, młodzi lekarze. Oni mają podejmować ryzyko, oni mają leczyć.

To źle?

Powiem panu szczerze: to jest dramat. Oni powinni się uczyć. Chodzić za swoim mistrzem. Podpatrywać go. SOR to jest miejsce, gdzie mamy do czynienia z pacjentami w najcięższych stanach. Tymi ludźmi powinni zajmować się specjaliści i to doświadczeni. „Złota godzina" to okres, kiedy w szybkim trybie jednocześnie diagnozując i jednocześnie już rozpoczynając leczenie, można utrzymać człowieka przy życiu. „Złota godzina" wymaga dużego doświadczenia.

Sześć lat studiów, rok stażu, jakiś czas na rezydenturze.

Nie wystarczy skończyć studia, żeby umieć leczyć. Prawdę mówiąc, studia niczego nie uczą. Ludzie, którzy je kończą, mają minimalne wiadomości praktyczne. Wiem, że to brzmi przerażająco, ale tak jest. Oni są naładowani wiadomościami teoretycznymi, które tak naprawdę w dużej mierze w ogóle nie przydają się w praktyce. Wielu takich studentów, którzy się zorientowali na drugim czy na trzecim roku, że tak jest, przychodzi do mnie na SOR.

I co?

Po prostu przychodzą. Uczą się. I to się sprawdza, bo z wieloma teraz już pracuję i są dobrzy. Sam tak robiłem.

Jako student?

Tak, chodziłem sobie do szpitala uczyć się różnych rzeczy. Jeździłem sobie jako obserwator na erkach. Po cichu. Żeby zobaczyć – pan coś o tym wie, nie? A więc jak skończyłem studia i zacząłem pracować, to miałem nieco więcej wyobrażenia, pojęcia.

Był pan niezły?

Niezły? Medycyna uczy pokory, ja pracuję trzydzieści pięć lat i do dzisiaj mnie zaskakuje, do dzisiaj często poruszam się na zasadzie nosa.

Kiedy się pan poczuł w miarę pewny?

Nie ma czegoś takiego w medycynie. Ten, kto się poczuje pewnie, skończy jak ten młody kierowca, który mówi: „Pojadę sobie 160 na godzinę, bo już trzeci miesiąc jeżdżę, a jak jeżdżę tak długo, to umiem". Na dziesięciu pacjentów sześciu, siedmiu będzie miało klasyczne objawy, trzech, czterech pozostałych wręcz odwrotnie.

Wracają do pana przypadki z początku kariery?

Tak. Przez tyle lat pracy? Szczególnie jak się pracuje w pogotowiu w oddziale szpitalnym, równolegle jeszcze w poradni, bo pracę zaczynałem w poradni. Na każdym kroku pan się spotyka z różnymi zaskakującymi sytuacjami. Powiem panu tak: gdybym w tej chwili się spotkał ze sobą sprzed trzydziestu paru lat, nie miałbym już ze sobą wspólnego języka medycznego.

Dlaczego?

Medycyna poszła do przodu, tyle się zmieniło, jest tyle możliwości diagnostycznych, tyle możliwości terapeutycznych. Poza klasycznymi sprawami, fizykalnym badaniem chorego, zbieraniem wywiadu to właściwie cała reszta niemalże jest całkowicie różna. Medycyna jest tą dziedziną, która pędzi do przodu. To nie jest tak, że ona idzie do przodu, ona pędzi. Prosta rzecz – tomograf komputerowy – jest niemal w każdym szpitalu. A ja, jeszcze jeżdżąc na erkach, woziłem naszych łódzkich pacjentów do Warszawy, do szpitala na Banacha, bo tam był jedyny tomograf.

TOMEK,
DOŚWIADCZONY LEKARZ Z SOR-U:

Przychodzi młody z czerwonym dyplomem, naładowany wiadomościami teoretycznymi po czubek głowy. Po co mu to?

Jak po co? Żeby leczyć ludzi, nie?

Mam internet, jak będę chciał się czegoś dowiedzieć, co on wykuł, to w kilkanaście sekund się dowiem. Problem polega na tym, że on nie potrafi nawet wkłuć się do żyły. Czyli wtłoczyli w niego formułki i regułki, a nie dali mu grama praktyki. Jak ktoś się chce nauczyć, musi to robić we własnym zakresie.

Jak?

Ja jako student przychodziłem na chirurgię albo napraszałem się do karetki.

A oni?

Nie powiem, niektórzy przychodzą. Teraz mam trzy osoby. Chcieli. Poprosiłem koleżankę i nauczyła ich, jak się wkłuwać. Od moich czasów nic się nie zmieniło. Studia to ogromna, w dużym stopniu niepotrzebna wiedza. Nie może być tak, że student po piątym roku ma miesiąc praktyk, podczas których używają go do przepisywania papierów. Ale jak ktoś chce, to się nauczy, nawet jak go będą gonić do papierów. Będzie się pętał, upierdliwie trzymał czyjegoś fartucha i prosił: „Pokaż, pokaż".

Chyba że mu się nie zechce „pętać", to co wtedy?

Przychodzi moment, kiedy człowiek zostaje sam na sam z pacjentem i zaczyna się dramat. Ja to widzę.

Że się boją?

Że są bezradni. Pół biedy, kiedy młody nie wie, co ma zrobić, gdy chory ma temperaturę 37,8 i kaszle. Gorzej, jak nie wie, co ma zrobić, kiedy chory ma zagrożenie życia i może mu się w każdej chwili pogorszyć. I oni tego się boją. W sumie to jest naturalne, że odczuwa się lęk przed taką sytuacją. Tylko trzeba umieć w tym momencie coś zrobić poza tym, że się człowiek boi.

Co pan mówi młodym?

Nieważne, jaką specjalność będziesz robił, masz się nauczyć oceny stanu pacjenta, bo to cię spotka zawsze. Masz ocenić pacjenta, wiedzieć, czy musisz się już rzucić na niego i go reanimować, czy masz czas i możesz poczekać, aż przyjdą starsi i mądrzejsi koledzy, przy których nauczysz się, co robić w takich sytuacjach. Medycyna, zanim stanie się sztuką, najpierw jest rzemiosłem, trzeba sobie znaleźć mistrza, do którego człowiek się przyczepi i będzie się przy nim uczył.

Ja im pokazuję: „Popatrz tu, niby ten chory wygląda dobrze, ale ma sine usta, troszkę cieniutkie koniuszki uszu, popatrz, jak oddycha, nie potrafi powiedzieć całego zdania bez przydechu, oceń go. To są objawy, które świadczą o tym, że temu choremu coś poważnego jest". Z książek człowiek tego się nie nauczy. Nigdy się nie nauczy, jeżeli nie zobaczy, nie dotknie żywego człowieka, nie będzie miał kogoś, kto mu powie: „Zobacz, w tej chwili, gdy widzisz takie objawy, powinno się zapalić czerwone światełko".

ARTUR,
RATOWNIK MEDYCZNY:

Rutyna, lenistwo, pewność siebie są śmiertelnie niebezpieczne. Jeździłem kiedyś z lekarzem, który chyba nie lubił pracy w karetce. Miałem wrażenie, że dba tylko o to, aby się nie ubrudzić. Taki był, że biała koszulka, spodenki w kancik. Zupełnie nie z pogotowia.

Nagle wezwanie do pobicia na przystanku autobusowym. Jedziemy. Siedzą trzy dziewczyny – nastolatki. Wokoło kręci się trzech facetów po dwudziestce.

– Kto tu został pobity?

Pokazują na dziewczynę. Lat szesnaście. Nie wygląda na szczególnie sponiewieraną. Pijana i jeszcze się stawia: – Wy, kurwy, spierdalać, weź te łapy.

No, ale musimy ją wziąć. Wsadzamy do karetki, ale stawia się dalej. Zamykają się drzwi i dostaje od doktora z liścia. Nie żeby się wyżywać, ale bluzgała, nie dawała pracować, to ją walnął, i słusznie, bo od razu zrobiła się milsza.

Doktor nawet nie badał jej specjalnie. Nie kazał jej nawet ściągać pikowanej kurteczki. Tylko po zachowaniu dochodzi do wniosku, że dziewczynę najlepiej przekazać policji. Jedziemy przed komendę.

Doktor:

– To ja idę tam z nimi pogadać i powypełniać papierki, a ty z nią posiedź.

No, dobra, siedzę. Nuda. I nagle ona trochę rozpięła tę kurteczkę, a ja jakoś odruchowo spojrzałem w jej dekolt. Jak to facet – ładna, to spojrzałem. I nagle krew! Rozpinam jej tę kurtkę, a tu plama krwi na bluzce.

– Doktor! – Wystawiam łeb z ambulansu. – Ona krwawi.

Doktor przybiega.

Ściągamy jej tę kurtkę, odchylamy bluzkę. Rana kłuta na piersi. Rozbieramy. Jeszcze dwie rany od noża – kolejna na piersi i w brzuchu. Krwi nawet nie ma tak dużo. Jedziemy na bombach. I myślę, że z doktorkiem mieliśmy szczęście. Bo policjanci by ją wrzucili na dołek „do wytrzeźwienia", a rano znaleźliby trupa. No i afera, wszystko na nas, „Anioły śmierci". Ale się udało. A dziewczyna? I tak zmarła. Dwie godziny o nią walczyli w szpitalu.

ROZMOWA
Z REZYDENTKĄ MEDYCYNY RATUNKOWEJ:

Ludzie się dziwili, że chce pani jeździć w karetce, pracować na SOR-ze?

Zgadza się, bardzo dużo ludzi, prawie wszyscy znajomi pytali mnie tak samo: „Dziewczyno, co ty robisz?". Jest takie przekonanie, że pogotowie i SOR to jest ostatni krąg piekła. To jest robota, której nikt nie chce wykonywać.

Jeśli nikt nie chce, to kto ją wykonuje?

Mówimy o powszechnej opinii? Wykonują tę robotę ludzie, którzy nie zagrzali nigdzie indziej miejsca.

Jest w tym jakaś prawda?

Niejednokrotnie tak jest. Muszę to przyznać. Bardzo często w medycynie ratunkowej trafiają się ludzie, którzy dwadzieścia lat temu zaczęli w ten sposób dorabiać, i to ciągną. Ciekawe, że oni tego nie lubią ani specjalnie się na tym nie znają. Generalnie boją się tej roboty. Bo to robota wysokiego ryzyka. Trzeba szybko podejmować decyzje. W karetce czy na SOR-ze ludzie umierają dość spektakularnie. Więc niestety, z jednej strony jest to stereotyp, a z drugiej – jak patrzę na współpracowników, to uważam, że jest to bardzo prawdziwe.

I po co to pani?

Po pierwsze, mam taki charakter, że ja się strasznie szybko nudzę i dla mnie wykonywanie roboty przy biurku od ósmej do szesnastej, nawet gdy jest to lekarska robota, to zabójstwo. Bardzo długo chciałam być chirurgiem. Ale chirurgia ma bardzo dużo wad i trafiłam na medycynę ratunkową. Byłam na praktyce lekarskiej za granicą, bo dostałam stypendium. Uznałam, że skoro już jadę za granicę, to wybiorę oddział ratunkowy, bo najwięcej tam zobaczę.

I zobaczyła pani?

Ze szpitala wychodziłam codziennie o trzeciej w nocy i czułam się, jakbym odstawiła narkotyk. Zaraz chciałam tam wracać, pracować.

Potem na stażu trafiłam na cudowną osobę, na mentora, człowieka, który zaprzecza stereotypowi lekarza siedzącego na izbie. Na początku nauczył mnie, jak funkcjonować w medycynie ratunkowej. W życiu nie spotkałam na izbie drugiego lekarza, który by tak kochał swoją pracę, i tak dobrego lekarza. On mnie namawiał przez cały rok, bo ja na początku mówiłam: „Nie, nie, ja tu pochodzę, nauczysz mnie pewnych rzeczy i pójdę na anestezjologię lub chirurgię". Ale potem stwierdziłam, że to jest jedyna rzecz, która mi się podoba. Normalnie realizowałam program stażu podyplomowego, a nocami, weekendami, popołudniami chodziłam na SOR. Stwierdziłam więc, że chrzanić tych wszystkich ludzi, którzy mówią, że to jest głupie. Podoba mi się to, co robię.

Dlaczego lekarze nie lubią SOR-ów?

Bo oni tam nie pracują, tylko trzepią kasę. Znam takich mnóstwo. Za dyżury na SOR-ze całkiem dobrze płacą, to oni biorą sobie pięć dyżurów z rzędu. Kaska leci, ale oni padają na pysk i zaczynają nienawidzić swojej pracy.

Tylko to?

Nie. SOR bardzo wyczerpuje emocjonalnie. Pacjenci przeważnie są zdenerwowani. Czekają po sześć godzin, wypada ich zrozumieć. Lekarz też jest zdenerwowany, bo ma czterdziestu pacjentów w tym samym czasie. Czyli SOR stwarza duże pole do konfliktów. Generalnie jest to emocjonalnie wyczerpujące. Nawet jeśli nie ma żadnych ostrych stanów, które trzeba leczyć, siedzisz w gabinecie, opisujesz pacjenta, a co trzy sekundy wchodzi ktoś i pyta: „Kiedy będzie moja kolej?" albo „A kiedy będą wyniki?". Tam jest bardzo dużo interakcji z ludźmi i dlatego uważam, że to jest cudowna praca, ale nie można przesadzać. Wiele osób twierdzi, że to jest najgorsza robota na świecie, bo źle do tego podchodzą.

Nie można przesadzać z czym?

Z pracą. Jak bierze się za dużo dyżurów, za dużo godzin, to się człowiek wypala. Według mnie SOR trzeba sobie dawkować. Ale ja znam wiele osób, które pracują 24 godziny w SOR-ze, 24 godziny w pogotowiu, i znowu 24 godziny w SOR-ze, 24 godziny w pogotowiu. Tak się nie da funkcjonować. To jest niebezpieczne. Mam znajomą, która stwierdziła, że w trzeciej dobie dyżuru było jej wszystko jedno, co się z jej pacjentem stanie, ona marzy tylko o tym, żeby się wyspać. W pewnej mierze jest to spowodowane, choć trudno mi o tym mówić w stosunku do kolegów, pazernością, bo jednak można nie brać tych dyżurów. Oczywiście zdarzają się takie sytuacje, że kolega z zespołu dzwoni: „Dziecko mi zachorowało i nie mogę nikogo znaleźć". Bierze się taki dyżur, choć człowiek jest zmęczony. Ale to wyjątki, sytuacje losowe. A chciwość czy pazerność to standard.

J., ORDYNATOR DUŻEGO SOR-U:

Zmęczenie. Musisz to odespać. Następny dzień znowu w pracy, więc życie troszkę przecieka przez palce. I to jest taki element medycyny ratunkowej, że bardzo trudno jest złapać życie, które ucieka. Na innych oddziałach można ukraść tych kilka godzin. Przespać się. Nawet na intensywnej terapii można podzielić się dyżurem: „Ja robię, ty śpisz, potem zmiana". Bo nawet na intensywnej wszystko jest poukładane mniej więcej. Pacjent przyjęty, zdiagnozowany. Jest kryty. A tutaj nie.

Rozdział IX

System

NOTATKA Z AMBULANSU

Mamy wezwanie do wypadku komunikacyjnego. Coś mnie tknęło, bo adres dokładnie odpowiadał temu, gdzie mieści się nocna i świąteczna pomoc lekarska. Podjeżdżamy.

Na schodach nocnej pomocy siedzi dwóch facetów. Machają nam. Też im machamy i idziemy do drzwi.

Oni do nas:

– Panowie, ale to nie tam, to tu.

– Tu? Na schodach? Dlaczego nie weszliście do środka? Przecież tam jest lekarz.

– Byliśmy, ale nas wyrzucił.

O, w mordę! O co biega?

A biegało o to, że jeden z tych facetów to był kierowca busa. Niedaleko stąd skręcał w prawo na światłach. Przechodnia zauważył w ostatniej chwili. Zahamował, ale uderzył go zderzakiem. Facet się przewrócił.

– Co panu jest?

– E, nic.

– Bardzo przepraszam.

– Nic, nic.

– Tutaj obok jest nocna pomoc lekarska, pan wskakuje, podjedziemy, niech pana lepiej obejrzą.

Przyjechali. Ale lekarz ich zjebał:

– Ja nie jestem od urazów. Wzywajcie pogotowie.

To wzywają.

– Ale nie stąd, proszę wyjść. Mogą sobie panowie wzywać ze schodów.

Doktor wiedział, co mówi. Bo jak są w NPL, to on za nich odpowiada. A jak są na schodach, to nie odpowiada za nich nikt. No więc tak siedzą sobie i czekają na pomoc. A cały system ochrony zdrowia ma ich głęboko w dupie.

ALICJA,
REZYDENTKA MEDYCYNY RATUNKOWEJ:

Są sytuacje, kiedy pacjenci nam umierają i jest to wina systemu. Już kilku takich było, a pracuję krótko. Na przykład przyjeżdża do nas pacjent wymagający dializy z bardzo wysokim potasem. To jest stan zagrażający życiu. I u pacjentów z niewydolnością nerek, którzy nie sikają, jedyny sposób to jest dializa. Centra dializowe działają zwykle w ciągu dnia, powiedzmy do siedemnastej czy do dwudziestej, jest ich kilka w Warszawie. I jak znaleźć po tej godzinie miejsce, gdzie pacjenta się dializuje? A wiesz, że pacjent ma tyle tego potasu, że w każdej chwili może się zatrzymać. Są pewne sposoby leczenia, które trochę go obniżą, ale to nie będzie wydalenie. Moja koleżanka kiedyś spędziła dosłownie cały dzień, wisząc na telefonie i próbując wepchnąć dwie osoby na dializy. Jedna nam umarła, drugą się udało wepchnąć. I to jest takie... przerażające, bo patrzysz na pacjenta i wiesz, że jeżeli w ciągu godziny udałoby się go zdializować, to on by żył, ale nie ma miejsc, nie ma lekarza, nikt go nie chce przyjąć, bo to nie rejon. Ręce opadają. Chodzi o to, że zgodnie ze swoją wiedzą medyczną i doświadczeniem znasz sposób, jak wyleczyć pacjenta, ale nie da się tego zrobić przez system i logistykę. To jest naprawdę wypalające. Wiesz, jak pomóc, ale nie da się pomóc.

ANDRZEJ,
REZYDENT PEDIATRII, POŁUDNIOWA POLSKA:

Wieczna kolejka. Wszyscy są niezadowoleni. Kiedyś na dyżurze o ósmej do dwudziestej drugiej przyjąłem 120 pacjentów. Trzeba każdego zapytać, zbadać, dać mu jakieś zalecenia. Powiem prawdę. Od pięćdziesiątego pacjenta było mi już wszystko jedno. Wcześniej miałem jeszcze jakąś adrenalinę. Trzeba uważać, żeby czegoś nie schrzanić, ale potem? Proszę pana, zwyczajnie nadchodzi moment kryzysu. I nie ma na to siły – organizm się poddaje. Niby myślisz o tym, co robisz, ale to nie jest dobre leczenie. Bo jak ja mogę leczyć, skoro ledwo zipię. Ja nie leczę, ja kombinuję, żeby przetrwać.

Bywa pan niemiły?

Robimy sobie listy największych absurdalnych spraw, z jakimi pojawiają się pacjenci.

Na przykład?

Na przykład potrafią przyjść na dyżur w niedzielę i uzasadnić tak: „A, bo wracałem z kościoła i zaszedłem po drodze". Kiedyś facet przyszedł zapytać, czy mamy godnego polecenia gastrologa. Inni katar albo „od trzech dni pokasłuję". Jeden, drugi, trzeci, ale przy dziesiątym…

Co jest wtedy?

Rodzą się frustracja i głęboka nienawiść do ludzi.

Co pan robi po takim dyżurze?

Ja to co? Idę do pracy. W „nocnej pomocy" pracuje się dla pieniędzy, żeby dorobić. Kończę rano i zaczynam nowy dzień w „swoim" szpitalu na oddziale. Leczę dzieci. Jestem pediatrą.

I długo pan jest na tym oddziale?

No, do piętnastej.

O 14.30 jeszcze pan kojarzy?

(śmiech) Czasami jeszcze potem pobiegnę na dyżur na SOR albo izbę przyjęć. Zdarzało mi się wyrobić 32 godziny ciurkiem.

SOR to poważna sprawa. Myśli pan czasem: „Czy ja nie skrzywdziłem czasem kogoś?".

Nie przypominam sobie, żebym kogoś skrzywdził. Większość ludzi i tak przychodzi z pierdołami. Kiedy zaczynałem dyżury na SOR-ze, byłem przygotowany, że będą się tam działy jakieś straszne rzeczy. Tymczasem poważnych rzeczy było znacznie mniej niż pierdół. Ludzie wiedzą, jak oszukiwać system. Nadużywają tego, że na oddziale ratunkowym podstawowe badania zostaną zrobione błyskawicznie. Czasami się wściekam, czasami mówię: „Na szczęście dla nas".

Dlaczego?

Kiedyś zostałem niejako zmuszony do wzięcia dyżuru na SOR-ze: „Musi pan, nie mam nikogo innego". Byłem już bardzo przemęczony i ogólnie czułem się dość słabo. Prawdę mówiąc myślałem, że za chwilę się przewrócę. Chwiałem się na nogach. Ledwo dotrwałem do rana.

I pewnie pan nie odpoczął?

Skąd, musiałem pójść na oddział. Znowu musiałem. Ale na oddziale jest trochę lżej. Koledzy rozumieją i kryją kolegów. Można się więc zadekować w jakimś kącie i szepnąć innemu lekarzowi: „Jestem po SOR-ze, idę się kimnąć, jakby co, to mnie po cichu obudź".

ALICJA,
REZYDENTKA MEDYCYNY RATUNKOWEJ:

Wiadomo, że pacjenci, ci cięższi, najprawdopodobniej w ciągu 24 godzin trafią na odpowiedni oddział. Problem z tymi „lżejszymi". SOR nie powinien być „przechowalnią", nie ma tutaj warunków do dłuższego leczenia. A zdarza się, że leżą u nas po trzy dni. Pamiętam, że w zeszłą zimę była młoda kobieta z bólami brzucha, nie do końca kwalifikowała się do przyjęcia do szpitala, ale ze względów społecznych zapisałam ją na oddział.

Co to znaczy społecznych?

Miała małe dziecko, musiała mieć wykonane badanie, na które bardzo długo się czeka, na oddziale zrobiliby to szybciej.

Starała się pani pomóc.

Tak. I zapisałam ją na oddział w poniedziałek, przez następne dwa dni przechodziłam koło niej na korytarzu na SOR-ze. Było mi wstyd, głupio. Robiło mi się jej szkoda, ale to się zdarza.

Wszędzie się zdarza?

Ja pracuję w szpitalu miejskim. Nie raz się korkujemy. Inaczej jest w szpitalu klinicznym. Tam rządzą profesorowie. Oni mają planowe przyjęcia na „swoje" oddziały i bardzo rzadko przyjmują pacjentów z zewnątrz, czyli z SOR-u. Mówią, że nie ma miejsca i koniec.

Co wtedy się dzieje na SOR-ze?

W związku z tym pacjenci na SOR-ze potrafią leżeć pięć dni. Czekają na miejsce. Ale w takich warunkach szpitalny oddział ratunkowy nie może funkcjonować. Leży dziadek lat siedemdziesiąt plus, z niewydolnością krążenia, na SOR-ze piątą dobę. Na oddziale nie ma miejsca, bo profesor realizuje przyjęcia planowe, czyli przyjmuje swoich pacjentów.

Dlaczego przejmują się pacjentami „planowymi", a nie przejmują się tymi z SOR-u?

Można się domyślać, że to pacjenci z prywatnych gabinetów. Ale jest też tak, że pacjent planowy jest wygodniejszy. Wiadomo, co mu jest, był zapisany, zbadany. A ten przywieziony z miasta? Stan ciężki, różne rzeczy mogą wyniknąć. Oczywiście we wszystkich szpitalach pacjenci mogliby być wypisywani do domu szybciej.

To dlaczego nie są?

Przyjął już pan pacjenta. Już go pan zbadał, opisał. Wie pan, co mu jest, zresztą pacjent jest po zabiegach. Co pan musi robić? Codziennie trzeba do niego iść, zmierzyć ciśnienie, zapytać, jak się czuje, wypisać zlecenie. I z głowy. Miejsce zajęte, kasa z NFZ leci, roboty mało. A nowy pacjent? Trzeba przyjąć, zdiagnozować, wykonać zabiegi. A nie daj Bóg pacjent jest w stanie ciężkim albo się powikła. Można się urobić po łokcie. Po co?

WOJTEK, LEKARZ, WETERAN POGOTOWIA I SOR-U:

Uposażenie pracowników służby zdrowia, nie tylko lekarzy, bo lekarz jest jeszcze bogiem, ale pielęgniarki, ratownicy, to jest dramat. A już nie mówię o technikach, laborantach, nie wymienię wszystkich zawodów medycznych, ale naprawdę to jest żałosne. To zmusza ludzi do pracy ponad siły. Ja mam sześćdziesiąt trzy lata i w tej chwili pracuję w dwóch miejscach. Ale bywało, że pracowałem w trzech i czterech, żeby żyć godnie. Takie zapieprzanie na okrągło skutkuje również tym, że w którymś momencie styka się pan z lekarzem, który jest zmęczony, zły, wkurwiony, ma dosyć, bo ile można. Część na tyle przesadza z pracą, że umiera na dyżurze. Nie ma chyba kwartału, żeby nie było doniesień o lekarzu, który zmarł na dyżurze.

11 stycznia, rano ciało 67-letniego ordynatora oddziału ginekologiczno-położniczego Szpitala Miejskiego w Sosnowcu przy ul. Zegadłowicza znalazła salowa. Dr K. miał właśnie kończyć 24-godzinny dyżur. Było ok. godz. 7.30. Z naszych informacji wynika, że doktor znajdował się w pozycji klęczącej, jakby chciał otworzyć wersalkę.

– Dyżur był spokojny. Lekarze mogli pozwolić sobie na chwilę wytchnienia – mówi nam jeden z lekarzy. Inny ocenia, że dr K. był niezwykle pracowity i kompetentny.

Źródło: „Dziennik Zachodni".

W szpitalu we Włoszczowie zmarł 59-letni lekarz. Stało się to po 24-godzinnym dyżurze na oddziale chirurgii ogólnej, w momencie, kiedy doktor miał rozpoczynać kolejny dyżur na szpitalnym oddziale ratunkowym. Okoliczności jego śmierci wyjaśniają policja i prokuratura. Z nieoficjalnych informacji wiadomo, że lekarz dostał zawału serca.

Źródło: „Echo Dnia".

Młoda lekarka najpierw pracowała od 8:00 do 16:00 w jednej z klinik w Krakowie, a potem miała pełnić nocny dyżur w niepołomickiej przychodni od 18:00 do 8:00 rano dnia następnego. Około godz. 23:00 poczuła się źle i zasłabła. Pomimo podjętej natychmiast reanimacji zmarła. Dotychczas nie ustalono przyczyny śmierci.

Źródło: bochnianin.pl.

W lipnowskim szpitalu doszło do śmierci ginekologa. Lekarza znaleziono w łazience pokoju lekarskiego. Policja wykluczyła udział osób trzecich oraz to, że przyczyną śmierci mogło być przepracowanie lekarza. Lekarz rozpoczął dyżur dzień wcześniej o godz. 14:00. Prokurator zdecydował o przeprowadzeniu sekcji zwłok.

Źródło: terazlipno.pl.

W szpitalu powiatowym w Białogardzie zmarła 44-letnia anestezjolog podczas czwartej doby swego dyżuru. Nie była ona etatowym pracownikiem, prowadziła jednoosobową działalność gospodarczą. Na co dzień mieszkała w województwie łódzkim.

Kontrola stanu zatrudnienia personelu medycznego wykazała m.in. brak wymaganej liczby lekarzy specjalistów w dziedzinie pediatrii, brak na dyżurze wymaganej liczby lekarzy specjalistów w dziedzinie anestezjologii i intensywnej terapii, chirurgii lub chirurgii ogólnej.

Źródło: wiadomości.wp.pl.

MARIA, LEKARKA:

Jestem lekarką, mam męża lekarza i troje dzieci. Zdarzyły się te śmierci i trudno było o tym nie myśleć. Ja sama miałam taką sytuację: poniedziałek – mąż schodzi po dyżurze na SOR-ze (czyli wychodzi ze szpitala koło 9.00–10.00, jak obrobi wszystkie dyżurowe papiery); w domu jest o 10.00–11.00 (a wyszedł z niego o 6.30 dzień wcześniej).

I nagle jego koleżanka pisze do wszystkich lekarzy z oddziału, czy wezmą za nią środowy dyżur, bo jest chora.

U niego dyżur to dwie godziny snu maksymalnie, ja też jestem zmęczona po swoich 24 godzinach z dziećmi. Ustaliliśmy, że on nie pomoże koleżance i on tego dyżuru nie weźmie.

Przez całą środę, ale całą! o tym myślałam: „Mam nadzieję, że ona nie umrze na tym dyżurze", „Oby to nie było dla niej za dużo, nie wiem, gdzie i ile jeszcze ona pracuje".

Bałam się, ale też nie chciałam, by dla męża to był „o jeden dyżur za wiele".

Po tych śmierciach zaczęliśmy patrzeć na samych siebie i na siebie nawzajem jak na ludzi. I może tylko młodzi potrafią powiedzieć „dość tego". Bo starzy lekarze się zagalopowali, i myślą: „E tam, najwyżej będę żyć dziesięć lat krócej".

Lekarze faktycznie żyją krócej, ale gorzej, jak się nie dożywa pięćdziesiątki.

Nie wiem, czy pan nas zrozumie, bo chyba rozumie to tylko ten, kto dyżuruje. Wie, co to znaczy podejmowanie decyzji o czwartej nad ranem i że taka decyzja zaważy na zdrowiu lub życiu. Na życiu czyjegoś dziecka, mamy, taty, dziadka.

PIELĘGNIARKA NA SOR-ZE,
FRAGMENT LISTU NAPISANEGO
PO PRZECZYTANIU *MAŁYCH BOGÓW*:

Pracuję w SOR dziewiętnaście lat, jestem (tylko) pielęgniarką i proszę mi wierzyć, to bardzo trudna praca! Dużo gorsza, cięższa niż być lekarzem SOR-u! Bo na ogół pacjenci wyżywają się na nas: sanitariuszach, ratownikach, pielęgniarkach, innym personelu pomocniczym i rzadko który pacjent umie opieprzyć lekarza!

Przykre to dla mnie, bo ja się staram... Lekarze są, jacy są, może i przemęczeni..., ale przecież my wszyscy też!!! Chcę zauważyć prostą rzecz: praca w SOR lekarzy to dla nich niezła kasa. Za dyżur świąteczny dostają tyle, ile ja mam miesięcznej pensji. Nie użalajmy się nad lekarzami. Pracują w kilku miejscach? Ale przecież przymusu nie ma, taka ich wola. (...)

MONIKA, SANITARIUSZKA:

Ja zarabiam najniższą krajową. I to po doliczeniu wszystkich dodatków – za lata pracy, za nocki. To pewnie nie jest zgodne z prawem, ale kto się wstawi za sanitariuszem? Kto go obroni? Ordynatorzy, pielęgniarki, ratownicy... My jesteśmy najniżej. Jesteśmy takimi śmieciami, tak się nas traktuje. Dojeżdżam do pracy spod miasta godzinę. Oczywiście można by tak ułożyć grafik, żebym mogła zdążyć na pociąg, żebym mogła dojeżdżać jednym samochodem z koleżanką. Ale kogo obchodzi jakaś Monika, która lata ze szmatą.

Nawet nie powinnam tego robić, bo od sprzątania powinny być salowe. Ale kogo to obchodzi, co powinno być? Ja mam się zamknąć i pracować. I tak robię, od lat. Ale kiedy mam dyżur na SOR-ze, jestem chora. Od zapachu krwi, bandaży, widoku śmierci. Ciągłego biegania między łóżkami. Skacze mi ciśnienie. Nie chcę tego robić. Ja przecież nie ratuję życia. Ja tu tylko sprzątam. Nawet nie chcę na to patrzeć. W imię czego? W imię tej najniższej pensji? Odmawiam, idę na chorobowe, uciekam z tego SOR-u. No, ale wiem, że ktoś to musi robić, bo inaczej ten cały SOR i ten cały szpital syfem zarośnie.

J., ORDYNATOR DUŻEGO SOR-U:

Brakuje pielęgniarek, nie ma pomocy pielęgniarskiej, nie ma salowych, niedługo zabraknie ratowników, bo oni też już mają dosyć.

JANUSZ, LEKARZ SOR-U:

Jest taka historia, która wydarzyła się zaraz po wojnie. Jakiś sekretarz partii powiedział: „Brakuje doktorów? To nie płaćcie doktorom dużo, to będą zapierdalać na czterech etatach i w ten sposób będziemy mieli sprawę załatwioną".

I to działa do dzisiaj. Proszę posłuchać, co mówi władza: „Lekarze chcą zabijać pacjentów!". Jak to? „Bo protestują!" A czego się domagają? Żeby pracować zgodnie z Kodeksem pracy. Po osiem godzin dziennie, a nie po szesnaście. Czyli ktoś, kto chce przychodzić do pracy wypoczęty, ustrzegać się błędów, być miły, mieć czas dla pacjenta, według władzy „chce zabijać". Takiej bzdury to ja nie słyszałem, jak żyję. To są rzeczy przerażające.

Ja jeszcze 12–15 lat temu zarabiałem w granicach 1400 złotych na rękę. Cała reszta to były dyżury.

I dziś nie znam nikogo, kto by pracował tylko w jednym miejscu. Nie znam, naprawdę. To nie dotyczy zresztą lekarzy. W tej chwili również na moim SOR-ze nie ma pielęgniarki, która pracowałaby w jednym miejscu. No, poza jedną dziewczyną, która przechodzi na emeryturę.

Czyli ogólna zasada się nie zmieniła od czasów pana sekretarza. Wtedy on, a dziś minister mówi nam gładkimi słowami nieskomplikowaną prawdę: „Wy jesteście od tego, żeby zapierdalać".

WOJTEK, LEKARZ,
WETERAN POGOTOWIA I SOR-U:

Czasem się zastanawiam, czy znajdzie się jakiś odważny z którejkolwiek opcji politycznej.

I na czym ma polegać ta odwaga?

Niech powie: „Ludzie, w medycynie stać nas tylko na to, na to i na to, a resztę musicie zapłacić sami".

Nikt tak nie powie.

Wiem i w związku z tym poruszamy się cały czas w sferze fikcji. Chcemy zabezpieczyć wszystko? Ale z bólami w klatce piersiowej czeka pan pół roku do kardiologa! To się pytam, ilu pacjentów doczeka, jeśli naprawdę mają chorobę wieńcową? A ludzie nie mają ochoty umierać, więc przerzucają się do prywatnej służby zdrowia. Lekarz prywatny wypisze panu skierowanie na drogie badanie i pan za nie płaci. Chociaż panu się należy za darmo, bo przecież opłacił pan składkę. Błędne koło.

I jak to rozwiązać?

Przede wszystkim powiedzieć uczciwie: za leczenie schorzeń będziemy płacić tym, którzy płacą składkę w ramach podstawowego ubezpieczenia, ale to jest, proszę państwa, coś takiego jak w telewizji kablowej – pakiet podstawowy. Ale można sobie kupić pakiet plus! To kosztuje więcej, ale... No i jest jeszcze pakiet gold. Drogi, to fakt, ale w zamian... No, ale nie widać odważnych.

W Polsce niewiele się zmieniło na lepsze w sensie organizacyjnym. To jest moja jedyna konkluzja, jaką mam po trzydziestu pięciu latach pracy. A ponieważ moi rodzice też byli lekarzami, to mogę śmiało powiedzieć, że konkluzja ta dotyczy ostatnich pięćdziesięciu lat. Prosta rzecz. Mój kolega pracuje w SOR-rze na Słowacji, w Żylinie. Słowacja wprowadziła opłaty. Jeśli ktoś przychodzi do swojego lekarza rodzinnego tylko pogadać, płaci około 2 euro. Jeżeli ktoś przychodzi z zaciętym palcem na SOR, płaci jakieś 5 euro. Rząd, który to wprowadził, co prawda upadł, ale zarządzenie pozostało i idiotyczne wizyty u lekarzy spadły o mniej więcej 45 procent. Ale u nas politycznych bohaterów, którzy by coś takiego wprowadzili, nie mamy. A przecież musi powstać jakaś bariera, bo system jest coraz bardziej niewydolny, niedofinansowany, źle zarządzany. To nie jest kwestia ostatnich lat, to jest kwestia dziesięcioleci.

Pod względem wysokości wydatków zdrowotnych na jednego mieszkańca Polska z 1798 dolarami i 6,4 proc. PKB wyprzedzała, spośród wszystkich wschodnioeuropejskich państw członkowskich tylko Łotwę (odpowiednio 1466 dolarów i 5,7 proc. PKB). Lepiej wypadły tutaj Litwa (1970 dolarów i 6,5 proc.), Estonia (1989 dolarów i 6,7 proc.), Węgry (2101 dolarów i 7,6 proc.), Słowacja (2150 dolarów i 6,9 proc.), Republika Czeska (2544 dolary i 7,3 proc.) oraz Słowenia (2835 dolarów i 8,6 proc.). Średnia dla całej OECD to 4003 dolary i 9,0 proc. PKB.

Źródło: Raport OECD *Health at a Glance 2017*.

NOTATKA Z AMBULANSU

Jeździłem najczęściej, jak już zapadła szarówka albo w ogóle nocą. Nasz rejon był ograniczony drogami krajowymi, liniami powiatów. W sumie, jak popatrzeć na mapę, to taki niewielki, nieregularny skrawek. A jednak przez okna ambulansu wyglądał jak coś ogromnego, coś co nie chce się skończyć. Świat, który nie ma granic.

Gdy choć na chwilę się zamyślałem, potem trudno mi było odgadnąć miejsce, w którym właśnie znajdował się ambulans. Bo drogi wąskie, dziurawe, podobne do siebie, domy nieurodziwe, budowane od jednej sztancy, wyzute z kolorów. Przedmioty powtarzalne, nieciekawe, czasem pokraczne, brzydkie. Ludzie? To tylko pacjenci, których trzeba „zaopatrzyć", a potem opisać, czyli punkt po punkcie zamknąć w algorytmie zawartym w instrukcji.

Szukałem w głowie jakiejś analogii tego widoku za oknem. Czy ktoś już opowiedział taki obrazek? Przypomniał mi się stary, stareńki reportaż Ksawerego Pruszyńskiego.

„Pierwszego dnia jazdy patrzyłem na krajobraz; był monotonnie ten sam. Domy drewniane, pola płaskawe, brzozy. Na drugi dzień obudziłem się; za oknem było to samo.

– Czy staliśmy nocą? – zapytałem.

– Skądże? Jechaliśmy cały czas. Czemu pan tak myśli?

– Bo przecież krajobraz nic się nie zmienił...

– Dlaczego miałby się zmienić? I do Moskwy się nie zmieni.

Do Moskwy – znaczyło jeszcze jeden dzień. Patrzyłem z rozwartymi zdumieniem oczami. Rosjanin uśmiechnął się, uśmiechał swoim spokojnym, pełnym wyższości uśmiechem.

– Panie – zapytałem – a za Moskwą? Za Moskwą? Tam aż do morza, pod Archangielsk, Murmańsk? Tam także? Także nieustannie, monotonnie eta bierioza?

I Rosjanin uśmiechał się uśmiechem spokojnym posągów buddyjskich:

– Da, bierioza, bierioza i bierioza".

W niedzielę po zmroku wracaliśmy z wezwania do naszej wariatki. Zrobiliśmy to samo, co zawsze. Leki na uspokojenie i wywieźliśmy ją do psychiatryka.

Marcin opowiadał historię z poprzedniego dyżuru:

„Wczoraj było pobicie. Mężczyzna lat siedemdziesiąt uderzył w twarz swoją małżonkę lat sześćdziesiąt osiem. Ona zachwiała się i upadła na szafkę. Opatrujemy panią, małżonek się przygląda, uśmiech nie schodzi mu z twarzy. W końcu nie wytrzymałem:

– I co pan się tak śmieje?

– A co, mam płakać?

– No raczej, przecież pobił pan własną żonę!

– No i co z tego, przecież to moja żona, nie?"

Opowieść przerwał kierowca Władek: – Ożeż ty, gnoju! Prawą stroną chodzisz, debilu...

To był Piotrek, tutejsza łajza, pijaczek. Omal nie wpadł nam pod koła ambulansu. Bluzgów nie usłyszał. Ale po dwóch godzinach mieliśmy do niego wezwanie.

Siedział w policyjnym radiowozie. Wokoło przygodni ludzie. Został zatrzymany, jak szedł środkiem jezdni i wykrzykiwał, że zaraz się zabije.

Marcin: – Dobry wieczór panu.

Piotrek: – Spierdalaj.

– Ale dlaczego tak niegrzecznie? Ma pan dowodzik?

– Milicja wzięła.

Policjant podaje dowodzik i lekarstwa zabezpieczone u pana Piotra.

– Panie Piotr, a to leki na co są?

– Na odwyku mi dali.

– No, ale pan pije. To jaki odwyk?

– Kurwa, piję, bo wiesz, co mnie wkurwia? Że żona się z nim puściła. A on teraz chodzi po wsi i śmieje mi się w nos.

Marcin: – No, bywa, bywa.

Policjant czujnie: – I co pan mu chce zrobić? Sprzątnąć go? Zabić?

Piotr wie, że za to byłby dołek, więc kiwa smętnie głową, że nie chce. Policjant (do Piotrka): – Dyżur kończymy za pół godziny, więc się pan decyduje.

Policjant (do nas): – Weźmiecie go?

Marcin: – On nie jest raczej nasz. Chyba dla was do wytrzeźwienia.

Policjant z rezygnacją: – No, kurwa... Wzięlibyście może...

Na nic. Pan Piotr ciśnienie miał w absolutnej normie. Był pełen werwy. Chciało mu się zapalić i iść do sklepu po flaszkę:

– Jestem aresztowany? Nie? Proszę mnie wypuścić! Chcę stąd iść!

Zaczęło siąpić. Deszcz drobny, przenikający do kości. Naciągnęliśmy pomarańczowe kaptury. Policja skuliła się pod czapkami bejsbolówkami. Robiło się nieprzyjemnie.

Bo pan Piotr ani wyraźnie nie potwierdzał myśli samobójczych, ani myśli o zemście na kochanku żony. I co z nim robić? Po co nas tu wysłali?

Impas rozwiązało pojawienie się sąsiadki.

– Ja go wezmę.

Policjant: – Tak? I dokąd?

– Do matki odwiozę.

– A podpisze się pani, że go zabiera?

– No.

– Panie Piotrze, pojedzie pan z panią sąsiadką do mamusi?

– Spierdalaj.

Sąsiadka: – Kurwa, Piotrek, no co ty? Cyrku nie rób! Ludzi tyle, policja, karetka. Może jakieś dziecko umiera.

Piotrek: – A ja, kurwa, nikogo nie wzywałem. Szłem sobie.

Marcin: – Szedłem.

Piotrek: – Szłem sobie i te kurwy tutaj zajechały...

Sąsiadka: – No, Piotrek, nie pierdol! Chodź.

Piotrek: – A masz zajarać?

– Mam.

– To pójdę.

Policjant: – Pani podpisze. Dobranoc państwu.

Marcin: – Kończycie?

Policjant: – No.

Marcin: – To macie fajnie.

Policjant: – A wy co?

Marcin: – No pewnie tu jeszcze wrócimy.

Papiery. Piszemy, że pacjent nie chciał żadnej pomocy, odmawiał, gdy chcieliśmy mu jej udzielić: „Wzbudził podejrzenie osób postronnych, gdyż szedł środkiem ulicy. Jest załamany przygodami seksualnymi swojej żony".

Wróciliśmy na bazę. Zimno. Zdążyliśmy się rozebrać i położyć pod śpiworami.

„Dong – dong, dong – dong, dong – dong".

Następne wezwanie do pana Piotrka było po dwóch godzinach. Dojechał do matki i znowu mu odwala: „Zaburzenia psychiczne, możliwe próby samobójcze".

Marcin łazi wkurzony po bazie w gaciach. Jest nieprzychylnie nastawiony do pana Piotrka: – Ja mu, kurwa, pokażę zaburzenia.

Jedziemy. Słychać z kilometra, jak matka drze się na Piotrka:

– Ona do ciebie nie wróci, debilu.

– Jaki ja debil?

– Od małego byłeś głupi. Słaby na umyśle. Wiem, bo jestem matką. Urodziłam cię, ty skurwysynie!

Matka pokazuje nam, gdzie jest stodoła. Jak pan Piotrek ma deprechę, to idzie do stodoły. I zaczyna kręcić sznur.

Raz zajrzała tam mała siostrzenica.

– Co robisz wujek?

– Musimy się pożegnać, bo będę się wieszać.

Matka z wyrzutem: – I skurwysyn wystraszył dziecko i się nie powiesił.

To może trwać godzinami, dniami, tygodniami i miesiącami. Jesteśmy w kropce. Jest pijany, więc do psychiatryka go nie będą chcieli. Policja może go wziąć na dołek do wytrzeźwienia, ale też będą się opierali, bo komu chce się wozić z wariatem.

Pan Piotrek może się zabić – ale najważniejsze, żeby nie zabił się na naszym dyżurze. W takich razach powinno się przeprowadzić rozmowę wychowawczą.

Marcin: – Pan pozwoli, panie Piotrze, tu do nas.

– Ale ja nie chcę.

– Panie Piotrze, ale na jedną chwileczkę do nas do ambulansu. Zmierzymy ciśnienie.

– Nie pójdę!

Marcin bierze Piotra pod łokieć i delikatnie popycha: – No, na chwilę.

Rafałek bierze się za drzwi. Trzask. Klamka zaskoczyła. Podwórko, matka, przyjaciele, droga, stodoła, w której chciał się wieszać, sąsiedzi. Wszystko zostało za drzwiami.

Scenę, widzów miał tam. Tu? Tylko zespół. Pan Piotr musi zrozumieć, że zespół głęboko pieprzy jego depresję i jego życie. Zespół nie chce do niego jeździć. Zespół chce spać albo ratować życie (chętniej to pierwsze).

Puszczamy muzykę. Pan Piotr się płoszy. Oczka mu biegają. Wie, co zaraz się może stać.

– Połóż się.

Marcin błyskawicznie przechodzi na ty.

– Nie chcę się kłaść. – Pan Piotr cofa się o krok, jeszcze ma nadzieję, że wszystko odbędzie się kulturalnie.

Marcin syczy przez zęby lodowato: – Leżeć, kurwa!

Piotrek blednie. Zaraz będzie z nim źle. Już właściwie jest.

– Ała, ała. No, kurwa!

– Leżeć!

Kładzie się, jest już posłuszny.

– Wiesz, że ktoś może mieć zawał, cipo? Umiera przez ciebie?

– Ja nic nie wzywałem. Żadnej karetki. Matka wzywała, ja szłem tylko.

– Szedłem, kurwa!

– Ja tylko szłem i nie wzywałem...

– Piotrek, chcesz tego naprawdę?

– Czego?

– Kiedyś już dawno byś miał czerwoną dupę i to by cię uleczyło.

– Spierdalaj.

– No, grzeczniej. Po co takie słowa?

– No, ale powiedzcie, czy oni mogą się śmiać ze mnie? On ją pierdoli i jeszcze śmieje mi się w nos?

– Ale kto kogo pierdoli, Piotrek?

– Żonę moją sąsiad!

– To jakaś suka jest, jak się z obcymi puszcza, nie?

– Rozwodzimy się! Jeszcze jest moją żoną.

– Ale nie będzie, nie? Dziecko macie?

– Kubuś!

– Kochasz go?

– Kocham chłopaka. Obiecała mi, że do rozwodu nie będzie się z tym swoim kurwiła, a się kurwi! Pojechałem za nimi, a oni w garażu.

– Piotruś! Weź się za siebie. Pokaż Kubusiowi, że tata nie jest cipa!

– No.

– I nie będziesz się już zabijał?

– Nie będę.

– Czyli mamy odwołać psiarnię i będziesz grzeczny?

– Odwołać.

– A matkę przeprosisz?

– O, spierdalaj!

– Kurwa, Piotruś! No, przeproś matkę i idź spać. Więcej żebyśmy nie musieli tu przyjeżdżać.

– Przecież ja nie wzywałem, szłem tylko.

– Kurwa, szedłem się mówi!

– Szedłem, ty zmierz mi ciśnienie.

– A po chuj?

– No, zmierz mi.

– Dobra, dawaj rękę, Piotruś.

Piotruś wychodzi pokrzepiony. Gotowy stawić czoło światu.

Matka: – Co wy robicie?

– No, syna pani oddajemy.

– Nie zabieracie go?

– Będzie grzeczny.

– Weźcie tego pojebańca. Kto go będzie pilnował?

– On panią przeprosi.

– Niech spierdala.

– Już jej nie przeproszę.

– Zawsze byłeś debilem, głupim dzieckiem.

Marcin: – Dobra. Nie ma co odwoływać psów.

CZĘŚĆ III
ZMĘCZENIE

Rozdział X

Śmierć

ARTUR,
RATOWNIK MEDYCZNY:

Dzikie wycie matki. Ona krzyczy: „Ratujta go. Boże. Ratujta. Jutro ma komunię. Luuudzieeee". Patrzę na tego dzieciaka. Zgnieciony przez samochód. Tuż koło domu, przy wyjeździe z bramy. Nie ma co ratować. Ja jestem na miejscu, mamy sprzęt, ale ono łapie karpia.

Łapie karpia?

Zaczęła się agonia i niewiele można zrobić. Ale przecież to dziecko. Wzywamy helikopter. Oddajemy chłopca na śmigło. Odlecieli, ale niedługo potem przyszła wiadomość, że nie mogli mu pomóc. W sumie żadnego zdziwienia. Za długo jestem ratownikiem, żeby mieć złudzenia, że można było uratować dzieciaka. Ale trudno o tym nie myśleć. I jeszcze...

No?

Jak po robocie zbierałem się do domu, to znalazłem bucik tego chłopca w karetce.

ELŻBIETA,
LEKARKA MEDYCYNY RATUNKOWEJ:

Jak ma się niefarta i trafia się mocno zgonowy dyżur i to z takimi pacjentami, którzy powinni żyć, to wtedy czasem siada głowa.

Opowie pani?

Miałam ostatnio taki dyżur piątek–sobota–niedziela. I w niedzielę o siedemnastej zadzwoniłam do swojej przyjaciółki, żeby mnie zmieniła o dziewiętnastej, bo po prostu nie jestem w stanie pracować do poniedziałku. Siedziałam, patrzyłam na zegarek i czekałam, kiedy wyjdę. Miałam sześć zgonów w ciągu trzech dni, i to takich pacjentów, o których walczyłam ponad dwie godziny, w tym szesnastolatka potrącona przez samochód i trzydniowe dziecko. I po prostu już chciałam iść do domu.

Co było temu dziecku?

Trudno powiedzieć, urodziło się zdrowe, uzyskało w skali Apgar 10 punktów, ciąża przebiegała prawidłowo, wszystko było w porządku. Jak przyjechaliśmy, było sine, miało jeszcze szczątkowe tętno, ale niestety zmarło nam to dzieciątko. I to była taka kropka nad i, że po prostu chciałam już wyjść.

A ta szesnastolatka w wypadku komunikacyjnym?

Na przejściu dla pieszych zresztą.

I intubacja, i to wszystko?

Tak, wszystko, ale to jest trochę walka z wiatrakami, bo jak się zatrzymuje pacjentka po takim ciężkim urazie, to tak naprawdę ma minimalne szanse na to, że uda nam się ją dowieźć. Są pacjenci, których się udaje, ale większość, jak się zatrzymuje po takim ciężkim urazie komunikacyjnym, to bardzo źle rokuje. Cienko, bo cienko, ale jak jeszcze ta iskierka się tli, jest szansa. Ale jak się raz zatrzyma, a ona dwa razy nam się zatrzymała, po drugim razie wróciła, tylko że miała już sztywne źrenice, więc nie było najmniejszego sensu. Trzeba ważyć pomiędzy tym, co człowiek by chciał zrobić, a tym, co powinien zrobić. Bo w takim momencie podejmowanie czynności resuscytacyjnych, jeżeli już widzę, że jest tak ciężki uraz czaszkowo-mózgowy, nie ma sensu. Położy ją ktoś na dwa miesiące na OIOM, da matce nadzieję… Niczemu to nie służy.

ARTUR,
RATOWNIK MEDYCZNY:

Najgorzej mają dzieci powieszonego. On tam spokojnie się huśta. Się go odcina, się stwierdza zgon. Przyjeżdża policja, pan prokurator. A dziewczynka siedzi mi na kolanach. Bo niby na czyich kolanach ma siedzieć, jak wszyscy są zajęci. Psy papierkami, matka rozpaczą. A mała płacze cicho, bezgłośnie, łzy jej ciekną po policzkach jak małe przezroczyste groszki.

– Proszę pana, tata zrobił coś takiego strasznego. A ja byłam dla niego niegrzeczna.

I ściągnąłbym go z tego haka i mu wpierdolił.

LESZEK,
RATOWNIK MEDYCZNY:

Czasem człowiek czuje zbliżającą się śmierć. Że nadchodzi.

Siódme piętro. Wysoko. Jeszcze winda, kurwa, zepsuta. Idziemy z doktorem. A tam od progu zaczyna się wycie:

– Jezus Maria, ratujcie mnie. Umieram, ja umieram!

Kobieta taka nawet elegancka. Wiek trochę powyżej czterdziestki. Miota się w szlafroku po całym mieszkaniu.

Mówię do doktora: – Doktor, ona coś tego, nie bardzo z głową.

Doktor przystępuje do wywiadu. Jako że mamy w zgłoszeniu coś o bólu brzucha, pyta ją o stolec.

– Był stolec?

– Ratuj mnie!

Ona jakaś taka blada się robi i tak pomyślałem, że pewnie ją będziemy musieli wywieźć do szpitala. Dzwonię do kierowcy na dole:

– Ty, Pawełek, bierz no krzesło i dawaj na siódme, będziemy wywozili panią.

A doktor się z nią nie może dogadać.

– To był ten stolec?

– A co to pana obchodzi? O Jeeezu, Jeeezuuu, umieram. Ratujcie, ratujcie mnie! Róbcie coś.

Doktor się w końcu zdenerwował:

– Proszę pani! Niech pani odpowiada, do licha, na moje pytania. Wypróżniała się pani? No, do cholery!

Ona mówi, że był stolec.

– Z krwią?

– Na desce była krew, dużo.

O rany! Znaczy, że ma krwotok wewnętrzny. Ona jest już zupełnie blada. Kładzie się na podłodze i zaczyna odmawiać pacierz: „Ojcze nasz", „Zdrowaś Mario", przeprasza za grzechy popełnione w życiu doczesnym. Doktor usiłuje coś robić, ale co tu robić? I kobieta, pyk, zatrzymuje się.

Jeszcze zdążyłem wybrać do Pawła, bo to siódme piętro:

– Chyba nie idź, nie będzie już krzesełko potrzebne.

Zaczynamy reanimację. Ona umiera. Gdyby zadzwoniła godzinę wcześniej, nie? Można było coś zrobić, a tak?

Nic. Ona leży martwa. I wszystko przewidziała. Od razu mówiła, że umiera, a ja myślałem, że coś z deklem nie w porządku u niej. Jeszcze tylko trzeba wypisać kartę zgonu. Wchodzi jej syn z drugiego pokoju.

Doktor: – Mama pana niestety umarła. Nic się nie dało zrobić.

Chłopakowi szklą się oczy.

Doktor: – Ale przynajmniej zdążyła pojednać się z Bogiem, co pan na pewno zauważył.

MARCIN,
RATOWNIK MEDYCZNY:

Wesele. Panna młoda zasłabła. Aha! To spoko. Emocje, odchudzanie, duchota – jak to w lecie. I pannie młodej zakręciło się w głowie. A może się najebała.

Jedziemy. Śmiesznie, bo wszyscy się bawią, gra orkiestra, łoją wódkę. A panna młoda leży na ławeczce. Małżonek i druhny ją wachlują. Ale widzimy, że z dziewczyną coś nie tak. Nie jakieś omdlenie. Bierzemy ją. Zapięta w jakiś gorset. Wyciągam nóż.

Kolega ratownik:

– Ty, te sukienki, gorsety są drogie!

– No i?

– Chodź, rozwiążemy. Bo ona może będzie chciała mieć pamiątkę? Córce pokazać? Albo opierdolą za parę groszy i będą mieli. No, młode małżeństwo, na wszystko potrzebują.

Dobra, rozwiązujemy te nitki. Niech sobie układają życie. W szpitalu okazuje się, że tętniak głowy. Próbują ją ratować. Mijam się z panem młodym w przejściu. Oczy jak spodki, w ręku welon i obrączka. Już mu powiedzieli, że jest wdowcem. Mistyka, kurwa, mistyka. Panna młoda wychodziła za mąż w dniu swoich urodzin, które stały się też datą jej śmierci. A pan młody? Za miesiąc koledzy jechali do niego. Powiesił się. Skutecznie.

J., ORDYNATOR DUŻEGO SOR-U:

Ludzie w Polsce często publicznie gęby sobie wycierają pogotowiem czy lekarzami z SOR-u. Ale żaden z nich nie musi tłumaczyć rodzinie, że ich syn zginął w wypadku, ja to robię. Nikt nie musi tłumaczyć się rodzicom sześciolatki, którzy nie zaszczepili jej na meningokoki, bo byli w ruchu antyszczepionkowym, dlaczego córeczka zmarła po dwóch godzinach ciężkiej reanimacji. Nikt z nich nie widzi tej rozpaczy. Naszej rozpaczy i naszych łez, jak się nie uda, też. Nikt nie widzi tego, jak półtoraroczne dziecko z wadami zatrzymuje się na rękach u matki, my przyjeżdżamy, prowadzimy półtoragodzinną reanimację i w końcu oddajemy dziecko: „Niech pani potrzyma i się pożegna". Nikt tego nie widzi.

ROZMOWA Z WOJTKIEM,
LEKARZEM, WETERANEM POGOTOWIA I SOR-U:

Chciałem wiedzieć, czy myśli pan o tym, co się nie udało.

Jeżeli wiem, że zrobiłem wszystko, co było możliwe, a nie ruszyło?

Tak, pacjent panu umarł.

Takie są prawa natury. Ktoś ciężko zachorował albo obcięło mu głowę, to go nie uratuję. Trzeba mieć zdrowy stosunek.

Czyli nie rozpacza pan.

Nie rozpaczam, nie przygnębia mnie to. Natomiast jeżeli nie mogłem komuś pomóc, bo szpital nie kupił tego albo nie było czegoś, co potrzebowałem, wtedy mnie to wkurwia.

Często tak bywa?

Bywa, bo mimo wielokrotnych nagabywań nie mamy jakiegoś sprzętu. Do tego, że nie uratuję człowiekowi życia, może się przyczynić sto tysięcy rzeczy: od drobiazgów do dużej aparatury. Ale jeżeli mam świadomość, że wykorzystałem wszystkie możliwości i zrobiłem wszystko co potrafię, a coś jednak potrafię, i nie udało mi się uratować człowieka, przyjmuję to z pokorą.

Czyli jak?

Że po prostu tak wyszło. Medycyna uczy dwóch rzeczy: cierpliwości i pokory. Jeżeli lekarz nie ma w sobie pokory, to jest bardzo niedobrze. Pokora to świadomość tego, że się nie wie. Mój dziadek był profesorem medycyny, w dziewięćdziesiątym drugim roku życia odszedł. Rozmawiałem z nim pod koniec jego życia.

O pokorze?

On mi powiedział: „Im dłużej żyję, tym mniej wiem". Pytam: „Dlaczego mniej wiesz?", bo on cały czas czytał, był na bieżąco, starał się. „Bo im więcej czytam, tym więcej wiem, ile nie wiedziałem. Wcześniej nie wiedziałem, że nie wiem". Dobre?

PIOTR, RATOWNIK MEDYCZNY
OD DWUDZIESTU LAT, ZWIĄZKOWIEC:

Jak to jest, kiedy musi pan powiedzieć, że to koniec?

Mówię, że to koniec. „Przykro mi, ale raczej mamusi żywej do szpitala nie zawieziemy". Nie ściemniam.

Dramat. Powiedzieć coś takiego rodzinie.

Tak, to dramat. Albo odstąpić w ich obecności od resuscytacji. Ale staramy się nie zabierać tego do domu.

Tylko co?

Czasem po prostu nie mamy domu. Więc jedyne zwierzę, jakie mogę sobie kupić, to wąż, bo rzadko się go karmi. Pies zdechnie. Jak miałem pierwszy dłuższy urlop, to przez trzy dni było OK, ale potem już mnie nosiło. Mam kolegę, który wyjechał z dziewczyną na Chorwację, miał być tam dwa tygodnie. Pierwszy dłuższy urlop od dziesięciu lat. Po czterech dniach wysprzątał cały wynajmowany dom, po czym się spakował i powiedział, że wraca, że może ktoś mu dyżur zaoferuje.

Ta praca rozwala ludzi?

To jest ucieczka przed problemami. Jestem cały czas w pracy, więc nie mam problemów w domu. To jest wariactwo, to jest masakra. Nie dotyczy tylko ratowników, ale też lekarzy, pielęgniarek.

ELŻBIETA,
LEKARKA MEDYCYNY RATUNKOWEJ:

Chcą nas, lekarzy, wysadzić z karetek. Ministerstwo uważa, że każdy ratownik z pięcioletnim stażem pracy będzie umiał to zrobić. Stwierdzić zgon.

To trudne?

Stwierdzenie zgonu, kiedy ktoś ma dziewięćdziesiąt dwa lata i od pięciu lat leży w łóżku, jest po prostu stwierdzeniem zgonu. Stwierdzenie zgonu u dziecka, u młodej osoby, u której coś dramatycznego się dzieje, jest trudne. Trzeba wiedzieć, że już czas odstąpić od reanimacji, dać spokój, a to wcale nie jest prosta rzecz. Ja pracuję siedemnaście lat i nadal mam takie sytuacje – rozsądek mi mówi: „Już koniec". Mam to powiedzieć chłopakom i słyszę, że sama mówię zupełnie coś innego: „Dobra, jeszcze cztery minuty". Widzę, jak chłopaki na mnie patrzą.

Patrzą, że to bez sensu?

Tak. Ale znają mnie i wiedzą, że jak już powiedziałam te cztery minuty, to po tych czterech minutach dam spokój, więc dla mojego świętego spokoju pociągną te cztery minuty.

Bez pani zdecydowaliby wcześniej przestać? Nie oni powinni decydować?

Oni zdecydowaliby wcześniej. Może. Ale inaczej jest, jak ma kto za pana decydować. Możemy sobie podywagować na luzie: „Dobra, czas przestać". A jak byś rzeczywiście postąpił? Dowiesz się tylko wtedy, kiedy odpowiedzialność spocznie na tobie. I trzeba wiedzieć, że stwierdzenie: „Już koniec, odstępujemy" jest czymś potwornie trudnym.

LESZEK,
RATOWNIK MEDYCZNY:

Rodzina nie rozumie, że to już koniec. Ciągle słyszymy: „Dlaczego nie ratujecie! Ratujcie!". A wiadomo od razu, że to agonia, że nie ma co.

Wnuczka dzwoni do dyspozytorki, że dziadek leży, nic nie mówi, tylko ma drgawki. Przyjeżdżamy. Dziadek jest już zimny trup. Lekarz stwierdza zgon. Wnuczka siedzi na kolanach u pielęgniarki: „Wiesz, dziadek odszedł. Tak to bywa...".

I nagle jeb, dziadek się porusza. Kurwa mać! Wszyscy skaczą na równe nogi.

Wnuczka: – No, mówiłam, że ma takie dziwne drgawki. Będzie żył?

Co jest?! Okazuje się, że dziadek ma wszczepiony kardiowerter. To „mądry" defibrylator. Rozumie, że serce się zatrzymało, i „strzela" prądem, żeby się ruszyło. Dla dziadka było za późno, ale maszynka chciała go ratować, więc trupem trochę trzepało.

A więc takie rzeczy trudno rodzinie wytłumaczyć. Na przykład ktoś ma rozrusznik serca. Już nie żyje, ale rozrusznik, czyli urządzenie do elektrostymulacji rytmu serca, działa. Czyli na monitorze nie ma prostej sygnalizującej śmierć, ale jest coś „jakby bicie". I rodzina krzyczy: „Co, odłączacie? Przecież żyje!".

Magnes. Silny magnes wyłącza tę całą elektronikę. Trzeba przysunąć dyskretnie, żeby rodzina nie widziała, do klatki pacjenta. I wszystko się uspokoi. Nareszcie będzie „normalnym" trupem.

ARTUR,
RATOWNIK MEDYCZNY:

Nóżki zostały odcięte powyżej kolan przez zderzak samochodu. Ratownik trzyma je za plecami. Wiadomo, że te nogi są na nic. Za duża strefa zmiażdżenia, żeby można było je uratować. Ale przecież to malutkie dziecko! Całe życie przed nim. Może jakiś cud. Trzyma więc te nóżki za plecami, żeby dziecko nie widziało i półgłosem do lekarza: „Panie doktorze, co z nóżkami?". Wtedy odzywa się dziecko: „Proszę pana! Proszę pana! Nóżki mnie bolą".

No i co takiemu dzieciakowi powiedzieć?

Jak się zjeżdża na bazę, to od razu widać, o co chodzi. Jak chłopaki z zespołu stoją w kącie, palą papierosy w milczeniu, tak, że aż strach do nich podchodzić, to wiadomo, że pojechali do dziecka i to dziecko im najpewniej umarło.

ELŻBIETA,
LEKARKA MEDYCYNY RATUNKOWEJ:

Czasem pani o tym myśli?

W domu? Nie, chyba że miałam coś ciężkiego, to siadam z piwem i opowiadam mężowi. Tylko wtedy jak potrzebuję coś z siebie wyrzucić, ale to rzadko się zdarza, to musi być coś bardzo grubego.

A tak przeważnie?

Najczęściej to w zespole załatwiamy między sobą. Jak przyjeżdża się z fajnej wizyty, to wszystkim się opowiada. Ale jak się przyjeżdża z jakiejś paskudnej historii, jak coś nie wyjdzie, to się siada i po prostu milczy.

Czyli widać kto skąd przyjechał?

Już jak się wchodzi na podstację, to widać.

MARCIN,
RATOWNIK MEDYCZNY:

Krew, gdy wypłynie z ciała człowieka, powiększa swoją objętość. Hemoglobina chce się łączyć z tlenem. Ma go pod dostatkiem, więc „puchnie". Ale w tym mieszkaniu krwi było rzeczywiście bardzo dużo. Cała podłoga zalana. Krew nie chlupie, ale cmoka pod butami. To znaczy, że już zaczęła krzepnąć, czyli pewnie jesteśmy za późno. Człowiek leży na podłodze. Naczynia krwionośne zapadły się – w końcu wyciekł z nich cały płyn. Za późno! Nie ma co robić.

Ale rodzina jest porządna, przyzwoita. Jakaś impreza – obiad czy co. Zjechało się kilkanaście osób. Teraz wszyscy na nas patrzą. Świdrują oczami. A oczy żądają: „Ratujcie, ratujcie!". I syn pacjenta – dwunastolatek: „Tato, tato, nie śpij, tato". I ojciec pacjenta – wiek sześćdziesiąt plus, ten sam, który dźgnął syna nożem. Co on zrobi, jak się dowie, że zabił własne dziecko! Przecież nie chciał go zabić! Syn przecież! Głupia historia.

Rodzina w stołowym, a oni w kuchni. Pokłócili się o coś i syn popchnął ojca raz, drugi. Ojciec chwycił nóż kuchenny, bo akurat leżał na blacie. Machnął ręką. Jasne, że nie chciał zabić – bo celował nie w pierś, nie w oko, ale w nogę. Ale rękę poprowadził diabeł. Trafił synka wprost w tętnicę podkolanową. Jakieś absurdalne miejsce. Wystarczyło nałożyć przepaskę ze szmaty, z ręcznika. Zacisnąć mocno – do zerwania mięśni. Albo kazać mu uklęknąć na to kolano i przysiąść tyłkiem – zatamowałby krew, a my zrobilibyśmy resztę. A tak?

Chodzimy po tej krzepnącej krwi. Odstawiamy teatr przed nimi, ale wiemy, że za chwilę i tak będziemy musieli powiedzieć: „Bardzo nam przykro".

Rozdział XI

Wypaleni

* * *

Siedzieliśmy na dziedzińcu szpitala dziecięcego. Artur był po dyżurze. W „cywilnych" ciuchach. Stylowy. Dobre dżinsy i skórzana czarna kurtka ramoneska. „Punkowy" wygląd kontrastował z cienkim papierosem. Właśnie zgodził się, że „wkręci" mnie do karetki. Opowiadał, jak mam się zachowywać, na co zwrócić uwagę, sypał anegdotami.

Krążył, krążył, ale w końcu musiał dojść do „tego".

– Ta praca nie wychodzi z głowy. Pojeździsz, zobaczysz.

– Co masz na myśli?

– Że nie da się wrócić do domu, obejrzeć telewizję i nie myśleć o tym, co widziałeś. Tydzień po tygodniu, miesiąc po miesiącu, rok po roku w głowie odkłada się coraz więcej.

– I co się z tym robi?

– Ludzie próbują to jakoś z siebie wyrzucić. Mają kochanki. Jeżdżą za szybko na motorze. Zaczynają pić. Czasami nic nie pomaga.

– I co wtedy?

– Czasem kończy się źle. Szczególnie kiedy jesteś sam, nie masz przyjaciół, nie masz do kogo zadzwonić. Bo jak sobie poradzić sam z tym, że na rękach umarło ci dziecko? Że nie mogłeś nic zrobić? A przecież nie mamy żadnego psychologa. Jedź do domu. Radź sobie. Napij się, prześpij się – tylko nie spóźnij się na następny dyżur. Zresztą, jak ci mówiłem, pojeździsz, zobaczysz.

Artur mówił z goryczą. Na pożegnanie podaje godzinę, dzień i adres, pod którym mam się pojawić, żeby zacząć pracę. Po kilku tygodniach dowiedziałem się, o czym mi opowiadał.

Niedawno samobójstwo popełnił jeden z ratowników. Znaleziono go w domu, obok puste opakowania po tabletkach. Tego wieczoru pisał do Artura esemesa. Chciał się umówić na wódkę. Ale Artur miał trudny dyżur. Nie miał nawet czasu spojrzeć na ekran telefonu.

Potem podobno łaził z tym esemesem, pokazywał wszystkim. Jakby chciał się jeszcze bardziej zdołować albo usłyszeć, że w niczym nie zawinił.

MARCIN, RATOWNIK MEDYCZNY:

Ewa była bardzo miłą i kulturalną osobą. Mówiono o niej czasami: „Cóż, Ewa się trochę wypaliła".

Co to znaczy? Miałem okazję przekonać się osobiście. Facet spadł z dachu. Przy okazji, spadając, złapał się jakiegoś przewodu. Tak więc walnął o glebę i jeszcze pieprznął go prąd. Koledzy robotnicy nie bardzo wiedzieli, jak mu pomóc. Załadowali go na pakę samochodu lublin i wiozą w kierunku szpitala. Jednocześnie dzwonią po karetkę, żeby wyjeżdżała naprzeciwko. Spotykamy się w pobliżu szpitala. Biegnę z tymi gratami, chcę przystępować do resuscytacji. Ale Ewa mówi: „Nie!".

– Jak nie?

– No, nie! Nie ma sensu. Pan się zwija.

Ona wpadła w fazę totalnej obojętności. Filozofia streszczała się w zdaniu: „Jakby miał żyć, toby żył". Generalnie praca z nią była dość strasznym doświadczeniem. Człowiek myślał o tych wszystkich ludziach, wracali mu przed oczy: „Żal, tamten mógł żyć i tamta mogła żyć!".

P. tego nie zniósł. Było wezwanie do chłopaka. Dwadzieścia jeden lat. Ewa, jak go tylko zobaczyła, mówi: „Zgon". Ale P., młody ratownik, mówi jej bezczelnie:

– Nie, nie ma zgonu.

Podłącza człowieka do aparatu, strzela prądem, robi masaż. Żyje! Do szpitala go!

W szpitalu P. łazi ze spuszczoną głową. Nie chce awantur, ale Ewa nie ma ochoty mu odpuszczać. Więc atakuje go na korytarzu:

– Ale mógł pan się zachować grzeczniej. I publicznie podważył pan mój autorytet.

P. wyszedł z siebie: – Ty kurwo, uratowałem człowieka, którego chciałaś zabić!

LESZEK, RATOWNIK MEDYCZNY:

Nasza robota to są algorytmy. Ból w klatce? EKG. Transmisja wyników. Morfina, tlen, nitrogliceryna. Na bombach jedziemy do szpitala. Monitoruję pacjenta w czasie transportu. Potem na noszach dostarczymy go wprost na stół operacyjny. Tam go lekarze uratują. Robię to wszystko szybko i profesjonalnie. Wiesz, czego tylko nie robię? Nie wezmę go za rękę. Nie powiem mu: „Wszystko będzie dobrze, zaraz będziemy w szpitalu, wyjdzie pan z tego". No bo po chuj mam go trzymać za rękę i do niego przemawiać, skoro ja już swoje zrobiłem? Algorytm wykonany! A przecież wiem, że to „trzymanie za rączkę" jest dla niego tak samo ważne, jak te algorytmy.

On jest wystraszony, nie wie, co się z nim dzieje. Jakieś, kurwa, rury, tleny, bomby, pomarańczowe kombinezony. Nie ma pojęcia jak jest: umrze, nie umrze.

Kiedyś byłem bardziej nieporadny. Dziś robię wszystko szybko, fachowo, można powiedzieć mechanicznie. Mam to zakodowane. Jakby pamięć mięśniowa. Ale wtedy brałem ich za rękę i do nich mówiłem. Lubiłem patrzeć, jak im się szklą oczy. Lubiłem mieć świadomość, że wyjdą z tego także dzięki mojej pracy. Dziś jadę według algorytmu.

DOKTOR L., ZABIEGOWIEC:

Spotykamy się późnym popołudniem. Oczy czerwone, królicze. Właśnie odszedł od stołu operacyjnego.

Co może cię pasjonować, tutaj, na zewnątrz? – pyta. – Kiedy jeszcze przed chwilą na sali operacyjnej byłeś bogiem? Twoja wiedza, umiejętności, doświadczenie, twój nos decydowały o życiu albo o śmierci. A tutaj?

Nic?

Nie tak, ale mam wrażenie, że tam na sali jest prawdziwe życie. Reszta to papierologia, rachunkologia, codzienność. Ludzie uciekają. W sporty ekstremalne, w środki psychotropowe albo aplikują sobie jeszcze większą dawkę pracy.

Prof. Romuald Krajewski, wiceprezes Naczelnej Rady Lekarskiej, w rozmowie z „Gazetą Wyborczą", marzec 2017: Wypalenie zawodowe i kłopoty psychiczne lekarzy potwierdzają opublikowane statystyki i badania. Wśród lekarzy jest więcej rozwodów, więcej samobójstw i prawdopodobnie więcej osób zażywa leki psychotropowe niż w pozostałej części społeczeństwa. (...)

Naczelna Izba Lekarska przeprowadziła reprezentatywne badanie w środowisku lekarzy i lekarzy dentystów. Pierwsze pytanie dotyczyło tego, czy lekarze zauważają objawy wypalenia zawodowego u swoich współpracowników. Drugie – czy oni sami mają objawy wypalenia zawodowego. Twierdząco na oba pytania odpowiedziało 40 procent pytanych. (...)

Przyczyny? Pierwsza to stres związany z wykonywaniem zawodu. Bycie lekarzem to wielka odpowiedzialność. Druga to warunki pracy. Głównie przepracowanie. Lekarze średnio pracują 60 godzin tygodniowo, ale liczni pracują więcej. Podejmują pracę w drugiej lub trzeciej placówce, średnio prawie w trzech. Bo zarobki z jednej nie są satysfakcjonujące. (...)

Częścią stresu związanego z pracą jest rosnąca liczba pozwów. Spraw sądowych jest coraz więcej. Zwiększa się też wysokość odszkodowań, a jednocześnie jest to „system totolotkowy": zasądzenie odszkodowania i jego wysokość w niedużym stopniu zależą od poprawności pracy, zbyt często są przypadkowe. (...)

Pacjenci mają oczekiwania nieproporcjonalne do możliwości systemu. Wierzą w obietnice polityczne. Chcą być leczeni jak w zachodniej Europie, a finansowanie w Polsce jest jak... w Meksyku.

MARCIN,
RATOWNIK MEDYCZNY:

Czasami myślę tak: najważniejsze, żeby nie ubrudzić sprzętu. Bo potem jest dodatkowa, niepotrzebna robota, a więc – brudas, bezdomny? Owijamy go w foliowy worek, kleimy taśmą tak, że zostają tylko usta. Tak, żeby nam karetki nie zaświnił. A jak trup? To trupa całego do worka. Z robakami, ze wszystkim.

PIOTR,
RATOWNIK MEDYCZNY:

Śmierć oglądam tak często. Już nie robi na mnie żadnego wrażenia. Dziewczyna pocięta wzdłuż. Ratujemy, ale i tak się nie daje nic zrobić. Wlazła jeszcze do wanny z ciepłą wodą. Wykrwawia się na naszych oczach fachowo. Czy mogę z tym żyć? Mogę. Tylko dzieci nas rozwalają. Szczególnie te z wypadków komunikacyjnych.

ARTUR,
RATOWNIK MEDYCZNY:

Najbardziej wkurzają mnie motocykliści. Rozpierdalają się, a ja ich muszę zbierać. I zawsze wiem, jakie pierwsze pytanie usłyszę: „Co z motorem?".

Jak taki koleś jest nieprzytomny, to związuję go ściśle pasami, tak żeby nie mógł się ruszać. Szczególnie dobrze zabezpieczam nogi. Potem robię swoje. I on po jakimś czasie łapie kontakt ze światem.

– Co z motorem?

– Rozjebany, ale pan to się chyba powinien o siebie bardziej martwić niż o ten złom.

Aha, już punkt dla mnie, ale to nie koniec.

– Proszę pana.

– Tak?

– Bo ja nie mogę ruszać nogami! Chryste Panie! Nie mogę nimi ruszać.

Wtedy pochylam się i mówię cicho, patrząc mu prosto w oczy:

– Co się pan dziwi? Przecież miał pan poważny wypadek.

On jest przerażony. I w sumie mi to wystarcza. Więc jak zapyta:

– Co z moimi nogami?

To mu grzecznie odpowiadam, że są związane pasami, a poza tym chyba w porządku.

LESZEK,
RATOWNIK MEDYCZNY:

Przestałem liczyć te wyjazdy. Po pewnym czasie doszedłem do wniosku, że nawet resuscytacja jest nudna. Intubacja. Uciskanie klatki razy trzydzieści, oddechy razy dwa. Defibrylator, wkłucie dożylne albo doszpikowe, adrenalina. Jak już to wszystko podłączysz, co masz robić dalej? Są aparaty do uciskania klatki. Są aparaty do oddychania. Możesz tylko czekać: ruszy człowiek czy nie ruszy. Jak na ławie leży pilot od telewizora, to można niby przypadkiem nacisnąć ręką. Bo robić tego oficjalnie nie wypada. Przecież ratujemy ludzkie życie. Rodzina mogłaby pomyśleć, że robimy to na odwal się. Nieporządnie. A my robimy to fachowo. Dla nich to traumatyczne, tragiczne wydarzenie. Dla nas? Kolejny wyjazd. Widzieliśmy to setki razy i jeszcze setki razy zobaczymy.

PIOTR, RATOWNIK MEDYCZNY
OD DWUDZIESTU LAT, ZWIĄZKOWIEC:

Wypalenie, zmęczenie widać na zjazdach, które sobie organizujemy. Niektórzy przyjeżdżają i piją na umór przez trzy dni. Nie wiedzą do końca, gdzie byli. Odreagowują psychicznie, we własnym gronie.

A w pracy?

W pracy się nie pije. Po pracy tylko wtedy, gdy mamy następny dzień wolny. Czyli bardzo rzadko. Tracę prawo jazdy i jest po mnie.

To co się robi, żeby odreagować?

Ja gram w gry strzelanki. Jestem snajperem i rozwalam jakichś gości. Wyobrażam sobie, że to są upierdliwi pacjenci. Wyobrażam sobie, że strzelam do takiego, który mnie wkurzył najbardziej.

Trochę straszne.

No, ale nie myślał pan przecież, że czytamy romanse przed telewizorem? Trzeba jakoś odreagować. Jak nie można pić, to co?

Jak jeszcze?

Mamy specyficzne poczucie humoru i zamiłowanie do sportów ekstremalnych. Ja jeżdżę na snowboardzie. Nie ma takiej góry, żebym nie zjechał. Wyjeżdżam z dala od Polski.

Bo?

Dystans co najmniej tysiąc kilometrów, żebym wiedział, że nie skuszę się na żaden dyżur.

CZĘŚĆ IV
PROTEST

Rozdział XII
Marzenia Anny

GŁODÓWKA

Annę poznałem w Dziecięcym Szpitalu Klinicznym w Warszawie. Tam odbywała się głodówka młodych lekarzy rezydentów. Protestowali przeciwko złemu systemowi – chcieli większych nakładów na ochronę zdrowia. Nie godzili się na pracę ponad siły. Pisałem reportaż o tej głodówce. Pomyślałem sobie, że dobrze byłoby – na czas zbierania materiałów i pisania tekstu – powstrzymać się od jedzenia, w końcu to tylko kilka dni.

Siedziałem godzinami na pożyczonym śpiworze, w kącie. Lekarze zorientowali się, że kiedyś napisałem o nich książkę *Mali bogowie*. Miałem więc dobrze, bo zazwyczaj muszę biegać za historiami. A tym razem historie same się do mnie przysiadały. Opowiadali mi o swojej pracy, czasami podrzucali jakiś tekst albo prosili o maila: „Chcę coś panu podesłać".

Anna przysiadła się do mnie po autograf na książce.

– Fajna. Podpisze pan?

– Pewnie! I długo pani głoduje?

– Od wczoraj.

– A ja od dzisiaj!

– Będzie pan z nami głodował? Zabawne.

Od tej pory często rozmawialiśmy. Głodówka była dobrym pretekstem. Mogłem ją zapytać: „Jak się pani czuje?". Bo wiedziałem, że za dwadzieścia cztery godziny będę czuł się bardzo podobnie.

Dzięki Annie wiem, że silny głód przyjdzie po czterdziestu godzinach. Wiem, że wtedy trzeba pić dużo wody. To forma oszustwa. Żołądek się wypełni. Nie będzie się odczuwało głodu. Potem lekko siądzie koordynacja ruchowa: „Lepiej nie jeździć samochodem!". Człowiek sam z siebie porusza się wolniej. Lepiej unikać gwałtownego kręcenia głową. Pojawia się rozdrażnienie, wyostrzają się zmysły.

Chyba trzeciego dnia Anna opowiada mi, co będzie, i zaczyna się nie z tego ni z owego śmiać.

– Co się wydarzyło zabawnego?

– Nie, nic. Wyrzut endorfin, nagła euforia, normalne zjawisko. Pana to czeka jutro – mówi mi i pokłada się ze śmiechu. Ma rację.

* * *

Anna pracuje w niezbyt dużym miasteczku w północnej Polsce. Jest dla mnie archetypem dobrego lekarza. Bardzo delikatna, spokojna, kryjąca pod spokojem zdecydowanie i gotowość do stanowczości.

Cieszę się, że „system" nie zabił w niej empatii. Że chciało jej się wsiąść do pociągu i przyjechać na głodówkę.

Mówiliśmy o wszystkim, o pracy, o dyżurach i o najgorszym, co spotyka lekarza, czyli o śmierci.

– Śmierć jest czymś niezwykłym. Widzę człowieka już sinego. Reanimacja. Umarł. Trzy tygodnie z głowy. Myślisz, czy wszystko było OK... Zawsze myślisz.

– Żałuje pani?

– Nie. Bo kiedy pan widzi, że dziecko wychodzi z choroby, że się poprawia...

A życie? Jest najczęściej życiem pariasa. Lekarz rezydent skończył sześć lat medycyny. Zdał lekarski egzamin końcowy. Ma pełne prawo do wykonywania zawodu. Jednak ciągle minimalną praktykę – jest lekarzem bez specjalności. Rezydentura to kilka lat pracy w szpitalu pod okiem starszych kolegów. Czas dodatkowej nauki, po której można zdobyć konkretną specjalizację – anestezjolog, ortopeda, chirurg itd. Rezydenci nie są opłacani z budżetu szpitala, tylko z budżetu państwa. Dyrektorzy lubią więc mieć u siebie rezydentów. Po pierwsze, nie kosztują ich ani grosza, a po drugie, muszą pracować bez szemrania. Jeśli ktoś się stawia, ryzykuje, że droga do specjalizacji stanie się drogą przez mękę.

MICHAŁ,
ANESTEZJOLOG:

Wie pan, że po trzech dniach głodówki poszedłem od razu na dyżur? Chyba niezbyt mądrze, ale nie było wyjścia. Wiem, że jeśli ja nie przyjdę do pracy, to ktoś równie przepracowany jak ja będzie musiał to ciągnąć. Koleżanka po operacji wyrostka poszła na dyżur na lekach przeciwbólowych.

– Po co?

– Bo w jakimś sensie jesteśmy frajerami: „Panie doktorze, weźmie pan dyżur?". „Nie". „Ale nie ma kto wziąć!". „Nie". „Panie doktorze!". „Dobrze. Zastanowię się".

Grzegorza pytam, czy to prawda, że na jednym dyżurze można zarobić 2400 złotych.

– Tak, za dwadzieścia cztery godziny, stówa za godzinę.

– Fajna stawka.

– Wiesz, jak na to mówią?

– Jak?

– Dyżury kamikadze: Mały szpital. Oddział – siedemdziesięciu pacjentów plus jedenastu na intensywnej terapii. Nie da się dobrze pracować. Wiesz, że na pewno zrobiłeś coś źle. Po takim dyżurze dochodzisz do siebie przez tydzień. To nie jest warte żadnych pieniędzy. Raz musiałem reanimować dwóch pacjentów naraz. Masaż serca, sztuczne oddychanie.

– Jak?

– Pacjent na łóżku z lewej, pacjent z prawej, a ja pośrodku. Akcja trwa dwie godziny, a w tym czasie przyjmuję piętnastu pilnych pacjentów. Jeden z reanimowanych pacjentów umiera. Zgon na izbie przyjęć to jest tona papierów. A pacjentów przybywa. I ja to rozumiem, że pacjent może mieć do mnie pretensję, że przyszedłem do niego po pięciu godzinach. Ale skoro w tym czasie miałem obrobić jeszcze szesnastu? Mama leży zasikana, nikt do niej nie przyszedł. Rodzina się wścieka. Co mam robić? Ochrzaniać pielęgniarki? Są dziś we dwie, a pacjentek, które leżą bezwładnie, dwadzieścia. Jak mają zdążyć? A badania, zlecenia, leki? Już ledwie chodzą. Mam to firmować swoją twarzą, swoją pieczątką? Dziękuję.

MICHAŁ,
REZYDENT:

Mam coraz mniej radości z tego wszystkiego. Poprzeczka idzie coraz wyżej. Najpierw cieszyło mnie wszystko – jak coś się udało. Teraz tylko jak wyprowadzimy człowieka, który w zasadzie nie ma prawa żyć. Nie żałuję medycyny, ale chciałbym cieszyć się częściej, z mniejszych rzeczy.

KASIA,
REZYDENTKA:

Mama mnie czasem pyta, jak tam w pracy. „Ile zarabiasz?". Mówię. „To ładnie. Ale z jednej pracy?". Nie, z trzech. „A ilu miałaś pacjentów dzisiaj?". Siedemdziesięciu. „Jak się wyrobiłaś?" Nie pytaj mnie o to.

* * *

Głodówka to monotonne siedzenie na materacach. Czasem w ciszy, czasem w świetle kamer. Reporterzy nagrywają „setki". Szukają tematów. Za chwilę znikną – by zdążyć z materiałami do wieczornych wiadomości. Wrócą tu dopiero za kilkanaście godzin – będą szukali newsów do porannych wydań.

Od miesięcy kolekcjonuję historie rezydentów – rozmawiamy albo oni piszą do mnie. Czasami ze strachem: „Proszę tylko nie podawać imienia, nazwiska ani nazwy szpitala. Chcę spokojnie skończyć specjalizację. Proszę to zrozumieć, wybaczyć takie zachowanie".

KACPER,
REZYDENT ANESTEZJOLOGII:

Oczywiście lekarzy zawsze jest za mało. Dane WHO mówią, że w Polsce na tysiąc pacjentów przypada około 2,2 lekarza. To najmniejsza liczba w całej Unii

Europejskiej. A więc nauka specjalizacji, zdobywanie doświadczenia pod okiem starszych kolegów zmienia się szybko w łatanie dziur, niewolniczą pracę pod dyktando dyrektora.

JAN, REZYDENT NEUROLOGII,
SZPITAL W MIEŚCIE WOJEWÓDZKIM:

Samodzielne dyżury zacząłem pełnić po sześciu miesiącach pracy. Rozglądam się dookoła, a tu w izbie przyjęć, na pulmonologii, gastrologii, laryngologii, radiologii, okulistyce sami koledzy. Rezydenci z mojego roku studenckiego z kilkumiesięcznym doświadczeniem zostawieni sami sobie. Dyrektor nas zmusił. Oczywiście na „gębę". Ma przecież swoich prawników i wie, że ani gróźb, ani takich poleceń nie wolno składać na piśmie.

ANNA, ODDZIAŁ ZABIEGOWY,
SZPITAL KLINICZNY:

Mam pierwszy samodzielny dyżur po pół roku pracy. Oczywiście lekarz specjalista niby asekuruje, czyli jest pod telefonem. Problem w tym, że w rzeczywistości ten specjalista pracuje właśnie na dyżurze stacjonarnym w innym mieście oddalonym o 100–150 kilometrów.

DOROTA, REZYDENTKA
CHORÓB WEWNĘTRZNYCH
W SZPITALU UNIWERSYTECKIM:

Czy jesteśmy gotowi do tych dyżurów? Na pierwszym samodzielnym dyżurze miałam pacjenta z ostrą niewydolnością oddechową. Przekazałam go na Oddział Intensywnej Terapii, przyszła anestezjolog, nawrzeszczała na mnie, że nie pobrałam gazometrii tętniczej. Było mi wstyd, ale zwyczajnie nie umiałam tego zrobić. Zostałam potem sama z pięćdziesięcioma chorymi, w tym z jednym chorym w stanie ciężkim. Zrozumiałam, że mogę liczyć tylko na siebie. Na kolejnym dyżurze „moja" pielęgniarka miała zawał, sama zawiozłam ją do pracowni hemodynamiki. Myśli pan, że kogoś to obchodziło? Musiałam się jeszcze tłumaczyć dyrekcji, że pozwoliłam pielęgniarce opuścić oddział!

ANITA, REZYDENTKA:

Rezydent sam podejmuje decyzje. Sam operuje. Oczywiście może zadzwonić do dyżurnego lekarza, który ma być pod telefonem, i zapytać, co robić, ale ryzykuje niezadowolenie specjalisty i kpiny rano na odprawie. A żaden dorosły człowiek nie chciałby, żeby publicznie przy kolegach z pracy go szykanowano.

CEZARY, REZYDENT:

Rezydent jest popychadłem. Bardzo często pracowałem po godzinach, za darmo, nikt mi za to nie płacił. Jak poszliśmy z tym do kadr – że siedzimy do szesnastej, siedemnastej, bo nie możemy się wyrobić, to usłyszeliśmy, że musimy to sobie jakoś inaczej, lepiej zorganizować.

Specjaliści szli na obiad, a myśmy za nich robili całą robotę. Co innego, kiedy naprawdę trzeba zostać. Co innego, jak trzeba robić za kogoś, bo temu komuś się nie chce.

* * *

W tych rezydentach jest dużo szlachetności. A w całej sytuacji jest wiele z klasycznego konfliktu pokoleń. Starsi lekarze w jakimś sensie oddali za system życie. Wzbogacili się. Wybudowali domy, mają eleganckie i drogie samochody, jeżdżą na wakacje do dalekich krajów. Jednak cena za to jest ogromna. Młodzi nie chcieliby jej płacić, chcą się zatrzymać póki czas, póki mogą sobie wyobrazić normalne życie. Dlatego głodują.

MICHAŁ,
REZYDENT ANESTEZJOLOGII:

Ja jestem tu na przykład przez rybę. Przychodzę z żoną do znajomych na kolację: „A, cześć, Michał! Jesteś jednak. No, fajnie. No to ten… jakoś się przecież podzielimy". „A czym?" „No, rybą. Albo ja zjem coś innego, a ty rybę. Tak zrobimy".

Aha, no jasne, czyli dla mnie nie przewidzieli ryby. Pstrąga. A dla siebie przewidzieli! No co to ma być! Ale potem na spokojnie zaczynam się zastanawiać, dlaczego tak postąpili. Raz miałem być i nie byłem, drugi raz, trzeci. Za ósmym doszli do wniosku, że nie ma sensu marnować ryby. Wtedy pomyślałem, że chyba z nimi wszystko w porządku, tylko ze mną coś jest nie tak. Starsi już tego nie pamiętają. Mają porozwalane życie. Jedzą w pracy, śpią w pracy, kochają się w pracy. W domu nie czeka na nich żadna ryba – bo przecież i tak jej nie zjedzą. Praca jest narkotykiem. Nie da się bez niej żyć, ale zabrała już tyle, że chyba zaczęli jej nienawidzić.

* * *

Rozmawiamy o konflikcie pokoleń z rezydentkami pediatrii i medycyny rodzinnej.

– Szpital. Dyżur. Zimno i grzyb na ścianach. Może by dało się wstawić jakiś czajnik? Dało się! A może zróbmy coś z tym grzybem, można? Też się udało. To wstawcie jeszcze komputer! I proszę sobie wyobrazić, że dyrekcja wstawia komputer!

– Pełny sukces!

– Nie, bo komputer jest akurat zepsuty, ale opowieść jest o czym innym.

– O czym?

– O starszych kolegach, którym to nigdy nie zaczęło przeszkadzać. Oni uważają, że tak ma być.

Opowieść o pani ordynator: Od lat co drugą noc jest na dyżurze, uczy, że na dyżurze je się bardzo szybko, a spleśniały chleb jest dobry dla zdrowia. Każde kręcenie nosem jest karcone oceną: „Słaba jednostka!".

Słowa „słaba jednostka!" wzbudza salwy śmiechu głodujących na sąsiednich materacach.

Rozmowy z rezydentami są pełne goryczy.

– Szkolenie? Nie, to fikcja. Nie dopuszczano mnie do stołu operacyjnego. Poskarżyłam się konsultantowi wojewódzkiemu, że nie mogę się uczyć. Odpowiedź? „Ja już się postaram, aby pani tej specjalizacji nie skończyła, a nawet jak pani skończy, to nikt pani nie zatrudni". Co miałam robić? Zmieniłam i województwo, i specjalizację.

* * *

Tomek, koordynator protestu. Wysoki, przystojny, czarnowłosy. Walczył do końca. Uciekał przed badaniami lekarskimi, które mogły go wykluczyć z głodówki. W końcu wpadł, bo zrobił się cały żółty. Wątroba miała już dość.

– Rano byłem bardzo słaby, ale teraz po tym wszystkim. Znów jest moc.

– I jak się masz?

– Ogólnie? Dobrze. A wiesz, w internecie napisali, że jestem ciapaty i mam wyjeżdżać do Arabii Saudyjskiej. – Tomek przygładza czarne kręcone włosy.

DAMIAN,
REZYDENT PEDIATRII:

Jest jasne, że nikt nie będzie żył za 2,2 tysiąca. Potrafimy sobie dorobić. W przychodni, w szpitalu na dyżurze, w nocnej pomocy lekarskiej, w pogotowiu. Jedni mniej, inni więcej. Przy harówce można wyciągnąć mniej więcej kilka tysięcy złotych. Ale gdzie jest wtedy miejsce na naukę? Na rozwijanie się? Miałem kiedyś taki okres, że brałem dyżur za dyżurem. Bardzo się pochorowałem. W końcu musiałem pracować z 39-stopniową gorączką. Od rana spróbowałem trzech różnych antybiotyków. W nocy zaczęło mnie trząść, słaniałem się na nogach. Bałem się, że coś się stanie.

– Pamięta pan jakiegoś pacjenta z tamtego wieczoru?

– Nie, to było jak praca na taśmie. Taka taśma często się zdarza. W nocnej pomocy lekarskiej moim rekordem było stu dwudziestu dziewięciu pacjentów na jednym dyżurze.

ROZMOWA Z WOJTKIEM,
LEKARZEM Z 35-LETNIM STAŻEM:

Rozumie pan tych młodych?

Pewnie. Ja urodziłem się w 1955 roku, byłem wychowywany w skromności. Cieszyliśmy się tym, co było. Ale teraz jest inaczej. Młodzi ludzie ostro startują w życie, biorą kredyt, budują dom, chcą żyć normalnie. Nie czekać dwadzieścia lat na mieszkanie, trzydzieści lat na samochód. Trudno się im dziwić, że chcą zarabiać normalnie.

Normalnie, czyli ile?

Tu nie chodzi o „ile", ale o „jak". Bo lekarz przecież sobie dorobi. Ale to rodzi konsekwencje. Mam takich kolegów, którzy w domu są co trzeci tydzień. I to nie dlatego, że jeżdżą od szpitala do szpitala w Łodzi. On ma jeden dyżur w Łodzi, drugi w Tomaszowie, trzeci ma gdzieś w ogóle poza województwem, a czwarty ma znowu w Łodzi. Pracują w czterech, a niektórzy nawet w pięciu miejscach. Oczywiście zarabiają duże pieniądze, są w stanie spłacić kredyt, tylko że jak wracają do domu, tam nie ma już rodziny. Żona? Też najczęściej jest lekarzem i po prostu się mijają. Dzieci? Wychowuje jakaś niania czy babcia. W chwili, kiedy się ockną, są dwojgiem obcych sobie ludzi, żyjących w pięknej rezydencji. Tak to wygląda.

Smutne.

Młodzi to wiedzą i nie bardzo mają ochotę powtarzać taką drogę życia. Chcą pracować normalnie – czyli nie od świtu do zmroku, za normalne, czyli przyzwoite pieniądze. Ale w Polsce to jest mało możliwe.

A poza Polską?

Naprawdę bez problemu można wyjechać. Headhunterzy wybierają sobie ludzi, pomagają załatwić co trzeba. Za granicą potrzebują lekarzy. W związku z tym trudno się dziwić, że wyjeżdżają i to nie tylko lekarze, ale również ratownicy medyczni, pielęgniarki. To jest naprawdę exodus. Wyjeżdżają, bo chcą żyć.

* * *

Anna znów się do mnie przysiadła. Najbardziej lubię rozmawiać z nią. Niby gadamy o niczym, ale ona powie zawsze coś takiego, że mam o czym myśleć do rana.

Teraz pokazuje mi wierszyk, który napisała dla swojego męża.

– Też piszę! Żeby pan nie myślał, że tylko pan potrafi.

– Czytam!

To taka „śmieszna" fraszka o tym, że on, mąż, chirurg chce pomagać pacjentom. Dlatego spędza na oddziale całe dnie i noce. Pacjenci go za to kochają. Ale przecież on ma też żonę, która czeka na niego w domu. Też go kocha i nie wystarczą jej tylko esemesy.

– Fajny – mówię, chociaż wiersz jest bardzo przygnębiający.

– Dziękuję!

– Jak to się skończyło? Wasza historia?

– Jesteśmy już po rozwodzie.

* * *

Anna miała rację. Był wyrzut endorfin i głupawka. Zresztą wszystko, co mówiła, się sprawdzało.

Wyostrzone zmysły tak bardzo, że wiedziałem, kto na ulicy je boczek na kolację. Ucieczki koncentracji. Chwile, gdy w ciągu dnia zaczynają zawodzić zmysły. Lepiej się gwałtownie nie podnosić, nie kręcić głową. Chodzić powoli i dostojnie. I potem nagły kryzys. Dokładnie w osiemdziesiątej godzinie głodówki.

Czwarta rano. Ból głowy, głód nie daje spać. A rano otępienie. Wszystko boli. Organizm ma dość. Nawet nie można myśleć o jedzeniu. Wszystko za mgłą. Marzę, żeby już było jutro, żeby minęło sto godzin głodówki, na które umówiłem się sam ze sobą.

Zmięty, na ostatnich nogach idę do szpitala. Chcę zobaczyć, jak tam protest. Trochę głupio, bo nie ma już Anny. Chciała zostać, ale kończyły jej się wolne dni. Opowiadała, że najpierw pójdzie do apteki po odżywkę białkową. A potem pobiegnie na pociąg, żeby dojechać na dyżur w swoim szpitalu na północy Polski.

Poprzedniego wieczora chciałem ją pytać, czy to ma sens, czy nie mogłaby nie brać tego dyżuru tak z marszu. W końcu przecież w całym mieście znajdzie się ktoś, kto ją zastąpi. Nie ma obaw.

Ale przypomniałem sobie naszą niedawną rozmowę.

– Już jeden redaktor mnie pytał, czy rzucę dodatkowe zajęcia, jak będą podwyżki.

– Rzuci pani?

– W swoich rachunkach zapomina pan o lojalności.

Lojalność znaczy tyle, że jak Anna nie weźmie dyżuru, to będzie musiał go wziąć jakiś zmęczony kolega albo jakaś koleżanka. A jak nie znajdzie się już absolutnie nikt, to pacjenci zostaną bez lekarza.

Rozdział XIII

Listy

* * *

Gdy napisałem książkę *Mali bogowie*, zaczęły przychodzić do mnie listy. Pisali lekarze, pielęgniarki. Napływały w zasadzie przez cały czas. Jeszcze więcej, gdy publikowałem teksty na temat problemów lekarzy czy protestów rezydentów.

Czytałem uważnie. Nie z obowiązku, tylko dlatego że każdy z listów był osobistym wyznaniem pełnym lęku, czasem rezygnacji, bardzo rzadko nadziei.

LIST DO PACJENTA,
NAPISANY PRZED WYJAZDEM Z POLSKI:

Szanowny Panie,

mam na imię Karolina. Jestem lekarzem stażystą. Tuż przed świętami odebrałam tłumaczenia dokumentów potrzebnych do rozpoczęcia pracy za granicą.

Powód? Nie chcę pracować 350 godzin miesięcznie, żeby mieć za co założyć rodzinę, wyjechać czasem na wakacje, „żyć normalnie". Widząc pracujących na kontraktach lekarzy w szpitalu, wypalonych, nieco gburowatych, zajętych bardziej papierologią niż człowiekiem, boję się, że spotka mnie to samo, jeśli zostanę.

Moja pierwsza pensja w wymarzonym zawodzie? 1454,97 netto za pełen etat. To jest 2007 złotych brutto.

Ale ja przynajmniej mogę mieszkać jeszcze u rodziców.

Być może przemawia przeze mnie frustracja, po konfrontacji ideałów jeszcze nie tak dawno studentki z rzeczywistością pracownika szpitala. Nie mnie to oceniać.

Marzyłam o tym, by w swoim życiu pomagać ludziom, marzyłam o tym, by ratować ludzkie życie. To dlatego od dziecka widziałam sens w naprawdę ciężkiej pracy – spędzałam kolejne godziny, dni, tygodnie wśród książek, wiedząc, że to jest droga, która prowadzi do celu. Czy wiedziałam, co mnie czeka? Szczerze? Nie miałam pojęcia. Żyłam ideałami, chciałam ratować ludzkie życie i zdrowie. Może głupio się przyznać do własnej naiwności, ale wierzyłam, że najważniejsze w pracy to wybrać taką, która jest twoją pasją, bo tylko wtedy możesz naprawdę dobrze ją wykonywać. Po trzech latach w zawodzie, tak wystarczyły trzy lata, żebym zrozumiała, że poza pasją potrzebne są też warunki do jej wykonywania. A tych w polskich szpitalach brakuje.

Medycyna to nie są lekkie studia, niewiele mają wspólnego ze „studiami". Nie dyskredytuję tutaj innych kierunków, zdaję sobie sprawę, że są dziedziny również wymagające ciężkiej pracy i poświęcenia wielu godzin na naukę. Wiem, że jeśli ktoś jest ambitny i chce dużo osiągnąć, musi poświecić temu czas, bo nic nie spada z nieba. Medycyna ma jednak aspekt psychologiczny, który oprócz nauki czyni ją tak trudną. Na zajęciach spotykamy się z bólem i cierpieniem, uczymy się, jak istotne są nasze decyzje. I w tym wszystkim musimy pozostać obiektywni. Nawet jeśli młoda kobieta, z którą rozmawiamy, jest naszą równolatką i widzimy w niej siebie, a mamy jej powiedzieć, że ma rozsiany proces nowotworowy i jej rokowania są złe lub gdy naszym pacjentem jest dziecko i patrzymy, jak powoli gaśnie w nim iskierka życia – nim zdążyło przeżyć to, co miało być przed nim, a co sami wiemy, że jest warte przeżycia. Musimy godzić się z bezsilnością, bo nie jesteśmy bogami, nie zawsze potrafimy odwrócić los, nawet jeśli bardzo byśmy tego chcieli i targujemy się ze śmiercią.

Wyobraź sobie, że szpital dostanie na przykład dodatkowe 100 złotych, ale zdrożało masło, wędlina i opatrunki. Wyda więc to, co dostał, na zakup tych samych produktów co wcześniej. Nie sprawi to, że posiłki w szpitalach będą lepsze, że na talerzach pojawią się warzywa albo że będziemy używać nowocześniejszych opatrunków, dzięki którym rany goją się szybciej. Będzie tak, jak było, tylko trzeba za to więcej zapłacić. Właśnie dlatego nie walczymy o konkretne kwoty, a o zmianę systemową, dzięki czemu większy procent pieniędzy z budżetu będzie przeznaczony na ochronę zdrowia. Niskie finansowanie oznacza również limity, pewnie o nich słyszałeś. Wiesz, że są szpitale, gdzie nawet leki są limitowane? Trafiasz do szpitala trzydziestego dowolnego miesiąca i lekarz słyszy, że niezbędnego dla ciebie leku już nie ma, a zamówić go można za dwa dni, jak będzie nowy miesiąc. Nikogo nie interesuje, że ten lek jest niezbędny, lekarz ma go zmienić na inny, być może mniej skuteczny. Chcesz być tym pacjentem? Kolejne postulaty są ze sobą powiązane. To zlikwidowanie kolejek do specjalistów oraz rozwiązanie problemu braku personelu medycznego (zauważ, że mówimy o personelu medycznym, nie tylko o lekarzach). Drogi Pacjencie, czy myślisz, że lubię sytuację, w której zalecam ci kontrolę w poradni i wiem, że prawdopodobnie będziesz musiał iść do poradni prywatnej, bo do publicznej kolejka jest na kilka lat czekania?

Twój żal i twoja frustracja spływają na mnie, chociaż nie mam na to wpływu. Właśnie po to teraz protestuję, by tę sytuację zmienić. Nie pracuję w żadnej prywatnej placówce, nie mam własnego gabinetu. Jednak być może właśnie Ty krzyczałeś na mnie dzisiaj, ubliżałeś mi, wylewając swoją frustrację i strach, że bez kontroli, zmiany leków (jeśli zajdzie konieczność) Twoje zdrowie się pogorszy, a nie stać Cię na wizytę w prywatnej placówce. Wylewałeś ten żal na mnie, chociaż nie ja odpowiadam za to, że tak mało lekarzy pracuje w Polsce, a NFZ wyznacza limity. Oboje chcemy zmiany w tym zakresie. Dramatycznie brakuje też pielęgniarek – na pewno kiedy byłeś w szpitalu, widziałeś, jaki jest średni wiek personelu. Wiem więcej o pracy lekarzy, bo dotyczy mnie ona osobiście, dlatego to, co napiszę poniżej, będzie o lekarzach, ale powtarzam – sytuacja braku personelu dotyczy wszystkich zawodów medycznych.

Sytuacja rozgrywa się w szpitalu powiatowym. Na oddziale X pracuje trzech lekarzy, oddział liczy trzydzieści pięć łóżek, oznacza to, że każdy lekarz musi się zająć jedenastoma–dwunastoma pacjentami. Dzień pracy to siedem godzin trzydzieści pięć minut, co oznacza, że maksymalnie pacjentowi można poświęcić trzydzieści osiem minut. Zakładając, że lekarz nie ma potrzeb fizjologicznych. W ciągu trzydziestu ośmiu minut trzeba zbadać chorego, wypisać zlecenia, obejrzeć wyniki, przygotować wypis, jeśli pacjent opuszcza szpital. Lekarze mają dyżury, po których (jeżeli pracują na umowę o pracę) mają dzień wolny (niepłatny), więc na tym oddziale tak naprawdę codziennie zostaje dwóch lekarzy. Sprawia to, że każdy z nich ma już tylko maksymalnie dwadzieścia minut na jednego pacjenta. Są szpitale w Polsce, w których jest to codzienność. Nie ma naszej zgody na to. Pozwól, że jeszcze napiszę kilka słów o dyżurach. Dyżur trwa dwadzieścia cztery godziny (zwykle). Pewnie powiesz, że nie ma co narzekać, bo śpimy na dyżurach. Kiedy mogę się położyć na trzy godziny, uważam to za luksus, zwykle jest to mniej. Zauważ, że powiedziałam „położyć się", a nie „spać", bo ze snem ma to niewiele wspólnego – odpowiedzialność za dopiero co podjęte decyzje i strach o to, czy za chwilę nie przyjdzie podjąć jeszcze trudniejszych, nie pozwalają zasnąć, a jeśli już, to na chwilę, by obudzić się z obawą, że zaraz wydarzy się coś złego. Być może z czasem, kiedy nabiorę doświadczenia, nauczę się odpoczywać na dyżurach. Nie wiem, jak odbiera się dyżury, mając na przykład dwudziestoletni staż pracy. Jeśli tego dożyję i będę jeszcze wtedy dyżurować, na pewno będę mogła Cię poinformować. Czas pracy lekarza mocno wykracza poza jakiekolwiek normy, bo lepszy „zmęczony lekarz niż żaden". Zgadzasz się z tą tezą? Naprawdę chciałbyś, żeby operował Cię lekarz, który od trzydziestu godzin jest w szpitalu? Być może położył się w tym czasie, a może cały ten czas był na sali operacyjnej i obecnie stoi tylko dlatego, że trzy kawy popił napojem energetycznym? Tego nie wiesz. Chciałbyś, aby resuscytację ukochanego taty prowadził lekarz, który jest już w pracy trzydzieści pięć godzin i powoli brakuje mu sił, by wystarczająco mocno uciskać jego klatkę piersiową? Albo żeby Twoje dziecko badał na nocnej świątecznej pomocy lekarskiej lekarz, który jest co prawda dopiero dwadzieścia sześć godzin w pracy, ale w tym czasie przyjął już sto dzieci, a może nawet sto dziesięć, sam już nie wie, bo nie ma siły policzyć? Chcesz, żeby to on ustalał lek i jego dawkę?

My nie chcemy tak pracować, chcemy pomagać, a nie wracać do domu, zastanawiając się, czy zmęczenie i przepracowanie nie odcisnęły się na naszych decyzjach. Wierzę, że Ty też tego nie chcesz. Zastanawiasz się być może, jak to jest możliwe, żeby lekarz był kilka dni z rzędu na dyżurze, pewnie myślisz, że to pazerność przemawia przez tego doktora. Wynika to jednak z braku personelu. Lekarze często pracują w ramach tzw. kontraktu, co w dużym skrócie oznacza, że prowadzą jednoosobową działalność gospodarczą – wtedy nie obowiązują ich przepisy prawa pracy, a więc również normy czasu pracy. Są „namawiani" do brania kolejnych dyżurów, bo „nie ma kto, a ktoś musi". Zgadzają się i zamiast odpocząć po pracy, łatają swoim poświęceniem dziury systemowe. Jak myślisz, na jak długo wystarczy im sił, by pracować po trzysta–czterysta godzin w miesiącu?

Biurokracja jest tym, co dobija system. Zamiast rozmawiać z pacjentem, badać go, mieć czas na wysłuchanie jego skarg, musimy wypisać kolejne kartki niezbędnej dla NFZ-etu dokumentacji. Wiedz, że dla urzędników ten papier jest ważniejszy niż Ty i Twoje zdrowie. Jesteśmy zmęczeni niekończącą się biurokracją, która zabiera nam czas – wolelibyśmy poświęcić go naszym pacjentom, żeby robić to, do czego tyle lat się przygotowywaliśmy – leczyć ludzi. A zamiast tego przystawiamy kolejne pieczątki pod kolejną zapisaną stroną.

Moja troska o pacjentów jest powodem szyderstw, moje ideały zostały zdeptane. To wszystko sprawia, że patrząc w lustro, widzę coraz bardziej sfrustrowaną osobę, widzę kogoś, kim nigdy nie chciałam być – lekarkę, która traci empatię do pacjentów i boi się, że niedługo ziści się wróżba, którą usłyszała tuż po studiach, w trakcie stażu na szpitalnym oddziale ratunkowym: „Teraz tak się starasz, jesteś dokładna, ale przejdzie ci". Nie pozwolę na to, nigdy się nie poddawałam, dlatego wolę wyjechać, niż stać się człowiekiem, który nie może patrzeć w lustro, ponieważ przysięgał leczyć ludzi najlepiej jak potrafi, a teraz musi łamać dane słowo, wybierając półśrodki, bo nic innego nie ma. Nie chcę patrzeć, jak umierają ludzie, którzy mogliby żyć, tylko dlatego, że kolejno zmieniające się rządy ustawiają jako priorytetową wartość wszystko inne niż zdrowie obywateli. Pozdrawiam i życzę Ci dużo zdrowia, drogi Pacjencie, droga Pacjentko. Wiedzcie, że jesteśmy po tej stronie co Wy, nawet jeśli boicie się nam zaufać. Pamiętajcie, że wszyscy jesteśmy pacjentami.

Pozdrawiam
Karolina

LIST O INTENSYWNEJ TERAPII I INTENSYWNYM ŻYCIU

Szanowny Panie,

moja historia jest w sumie dość krótka, typowa, jeśli chodzi o początek, i nietypowa w swoim zakończeniu. Oczywiście, jak dostałam się na medycynę, to miałam wrażenie, że złapałam Pana Boga za pięty. Moje dobre samopoczucie zostało szybko zweryfikowane, bo już na pierwszych zajęciach anatomii. Na wstępie poinformowano nas, że student pierwszego roku to gówno, drugiego roku to pan gówno, trzeciego roku to student, potem pan student, doktor i jak się dobije do końca, to pan doktor.

No więc tocząc się jako gówno przez kolejne lata rozczarowującej pamięciówy, zaparłam się w sobie, że będzie inaczej. Więc równolegle ze studiami zaczęłam praktyczną naukę na wolontariacie, gdzie tylko chcieli to gówno tolerować, tudzież później studenta. Pchałam się wszędzie: na SOR-y, izby przyjęć, na sale operacyjne. Plus dużo piłam, jak prawie wszyscy studenci medycyny, ale wtedy to wydawało się normalne. Zwłaszcza jak chodziłam na imprezy z anestezjologami – oni w porównaniu ze mną wtedy chlali.

Więc skończyłam studia z zapałem do pracy, z dużymi umiejętnościami praktycznymi i kiepską średnią na dyplomie, ale LEP poszedł mi bardzo, bardzo dobrze, więc w specjalizacjach mogłam wybierać bez problemu. A że lubiłam oczywiście niespokojne warunki pracy, adrenalinę i nieprzespane noce, to anestezjologia była naturalną konsekwencją takich zamiłowań. Wybrałam nawet najlepszą klinikę w W., cóż że dwieście kilometrów od mojego rodzinnego domu. Trzeba było świat zdobywać.

I oczywiście jako pierwsza z rezydentów mojego rocznika poszłam do pogotowia, żeby dorabiać. Jako rezydentka I roku, czyli totalnie nieopierzone kurczę, dyżurowałam na zespole S obstawiającym największy rejon W., jednego z największych miast w Polsce. Reanimacje, meliny, sraczki, samobójstwa – takie tam klimaty. Potem praca na transportach też, w SOR-ze w powiatowym szpitalu. Generalnie liczyła się tylko praca, praca i praca.

Dyżury po 24, 48, później 72 godziny. Rekord – 60 godzin, przerwa 12, i powrót na kolejne 60 do pracy. Z własnej woli, początkowo, później tak naprawdę z przymusu. Bo nie było komu. Wiele razy chora, z gorączką, z wenflonem w dłoni, żeby w wolnej chwili podłączyć sobie kroplówkę, zaaplikować antybiotyk dożylnie albo coś przeciwbólowego na szybko. Jak każdy.

Jak sobie radziłam ze stresem? Typowo. Przychodził dzień wolny – to impreza, do odcięcia. Ilość pochłoniętego alkoholu przestała mnie przerażać. Również to, co po alkoholu robiłam, albo raczej to, że nie pamiętałam, co robiłam. Ale uważałam, że mam wszystko pod kontrolą. Nie byłam aż takim chlorem jak inni, myślałam sobie. Nie musiałam pić po dyżurze, żeby zasnąć, nie brałam nigdy nic ze szpitalnej kasetki z narkotykami jak inny znajomy rezydent, co w sumie nie jest odosobnionym przypadkiem. Każdy anestezjolog zna kogoś, kto bierze. Szeroko się nie opisuje w gazetach przypadków, zamierzonych lub nie, zgonów po zażyciu narkotyków przez lekarzy na dyżurach. Na przykład rezydentki anestezjologii w jednym z wrocławskich szpitali, która podała sobie „złotego strzała" z dużej ampułki fentanylu w szpitalnej toalecie. Albo pielęgniarza z intensywnej terapii, który zmarł po zażyciu dopalaczy.

Nie zdarzyło mi się wreszcie, że dostałam napadu padaczki alkoholowej przy stole operacyjnym, jak inny rezydent w szpitalu. W pewnym momencie jednak poczułam, że przeginam, że muszę coś zmienić. Zamieniłam picie na sport, zajeżdżałam się na treningach między dyżurami, żeby zrzucić z siebie ten stres, wyczerpanie, które mimo chronicznego zmęczenia nie pozwala spać. Poszłam również na terapię, co jak okazało się po półtora roku cotygodniowych sesji – było kluczowe. I w sumie, jak przyznała moja terapeutka, bardzo rzadkie w wydaniu lekarzy, chociaż i to się ponoć zmienia.

Dzięki temu postanowiłam zmienić miejsce pracy – z wielkiej aj-waj kliniki przeniosłam się do mniejszego, powiatowego szpitala. Pracy więcej, bardziej odpowiedzialnej – bo tam traktuje się mnie jak lekarza, a nie jak gówno-rezydenta. Pensja też jest inna, znacznie wyższa. Nie muszę dorabiać w innych miejscach. Co prawda czasem zmuszana jestem do znieczulenia na dwa stoły naraz, a nadzór nade mną jako rezydentką jest często teoretyczny, ale nie muszę się stresować jakimiś aferami, gównoburzami, jak to bywało w klinice.

Moja praca nie jest już moja pasją, jest obowiązkiem, który chcę jak najbardziej profesjonalnie i odpowiedzialnie wykonywać, tzn. chodzić na dyżury wypoczęta, nie biegać ze szpitala do szpitala.

Na pierwszym miejscu jest mój mąż, rodzina, którą zakładamy (obecnie jestem w trzydziestym czwartym tygodniu ciąży). Co też w sumie nie przyszło nam łatwo – dwa razy poroniłam, co zapewne ściśle powiązane jest ze stresem związanym z pracą.

I to właśnie jest to nietypowe zakończenie, czyli rezygnacja z gonitwy, z kasy, z wyjazdu za granicę. Nie jest to powszechne, niestety. Gdyby tak było, dawno temu sytuacja uległaby zmianie pod wpływem nacisku.

Tu albo trzeba radykalnych posunięć, czyli po prostu odejść od łóżek pacjentów, albo poczekać jeszcze kilka lat, aż te dinozaury harujące po 300–400 godzin w miesiącu odejdą... I system po prostu pierdolnie z hukiem.

Szans, że wprowadzą jakieś reformy – nie widzę.

Pozdrawiam
Magda

LIST PISANY PO DYŻURZE

Drogi Pawle,

jak wiesz, jestem rezydentem chirurgii ogólnej na czwartym roku szkolenia specjalizacyjnego. Oto opis mojego ostatniego dyżuru:

Szpital wojewódzki w dużym mieście. Dwóch chirurgów, po jednym na każdym z dwóch pięter. Na moim dyżur „ostry", czyli oprócz przyjęć planowych przyjęcia z SOR-u, na drugim „tępy" z lekarzem ze specjalizacją. Na SOR-ze także chirurg dwadzieścia cztery godziny na dobę. Taki mamy standard.

Jednak okres urlopowy rządzi się swoimi prawami. Operujemy codziennie na dwóch, trzech salach, poza tym jeden z chirurgów schodzi codziennie do poradni. W trakcie opisywanego dyżuru lekarz sorowski musiał pojechać przeprowadzić szkolenie z medycyny ratunkowej w innym mieście. W tym samym czasie lekarze oddziałowi po wspólnym obchodzie poszli operować, w konsekwencji od godziny jedenastej do piętnastej sam obstawiałem zarówno oba piętra oddziału (ok. 60 pacjentów) oraz SOR, na który w każdej chwili może przyjechać karetka na sygnale.

Oczywiście w każdym momencie mam możliwość skonsultowania się telefonicznie z lekarzami na bloku, jednak wszystkie czynności muszę wykonać samodzielnie.

Tym razem miałem szczęście, w tych godzinach „osamotnienia" nie trafił do mnie żaden chory z urazem wielonarządowym, chociaż tacy są przywożeni do naszego szpitala niemalże codziennie z uwagi na bliskość drogi ekspresowej.

Moi pacjenci na SOR-ze byli ze „standardowymi” dolegliwościami: ostre bóle brzucha, rany tłuczone głowy i innych części ciała, stłuczenie klatki piersiowej, czyli „dyżur jak dyżur”.

Po godzinie piętnastej, po powrocie lekarza dyżurnego SOR, wraz z drugim dyżurnym z oddziału wykonałem zabieg cholecystektomii laparoskopowej z powodu ostrego zapalenia pęcherzyka żółciowego, uwięźniętej przepukliny pępkowej z odcinkową resekcją jelita cienkiego z powodu martwicy oraz nacięcia ropni uda oraz pośladka u młodej kobiety. Zabiegi skończyły się w nocy.

Przez cały czas jak zawsze musiałem doglądać chorych, zrobić wieczorny obchód, sprawdzić wyniki badań zleconych przeze mnie po porannym obchodzie oraz napisać obserwacje dla wszystkich chorych na moim piętrze.

Ponieważ podpisałem klauzulę opt-out, wykonuję dyżur w trybie kontraktowym (w godz. 15.00–7.30), po dwudziestu czterech godzinach pracy nie przysługuje mi prawo do odpoczynku – na oddziale zostaję do godziny piętnastej.

Zgodnie ze zwyczajem wprowadzonym przez naszego ordynatora nie idę wtedy operować, zostaję na oddziale i głównie „robię papiery”, czyli wypisy chorych, uzupełniam braki w dokumentacji, a także kwalifikuję chorych do operacji i pomagam lekarzowi dyżurnemu w pracy na oddziale, ewentualnie w sytuacji kryzysu kadrowego schodzę do poradni chirurgicznej, gdzie przyjmuję 25–30 pacjentów. To ostatnie z opisanych zadań wykonuję wyjątkowo niechętnie, będąc zmęczony po dyżurze. Nie mam wtedy siły być eleganckim, pełnym empatii i zainteresowania lekarzem, a takim właśnie zawsze chciałbym być. Tak moim zdaniem powinien zachowywać się lekarz i nie tracić tych cech z powodu przepracowania.

Po takim dyżurze wracam do domu, jem obiad i śpię, ponieważ następnego dnia muszę mieć świeżą głowę i siły od 7.30 do 15.00, chociaż zdarza mi się nie raz już następnego dnia powtarzać dyżur, czyli w moim przypadku 31,5 godzin.

Dwa lata temu moja sytuacja była trudniejsza, ponieważ pracowałem na etacie w szpitalu miejskim, gdzie na oddziale chirurgii pracowało oprócz mnie trzech chirurgów, oddział nie miał akredytacji do szkolenia specjalizacyjnego, w związku z tym byłem oddelegowywany do kliniki w dużym szpitalu warszawskim. W okresie urlopowym, czyli w lipcu i sierpniu, codziennie pracowałem w szpitalu macierzystym, lecz także miałem obowiązek pracy na dyżurach w klinice – siedem dyżurów ostrych w ciągu miesiąca, po których jechałem 80 kilometrów do mojego szpitala. Gdybym tego nie robił, w małym mieście z powodu urlopu pozostałoby dwóch chirurgów, z czego jeden pracował codziennie w poradni, więc nie można by było wykonywać operacji. Poza tym w każdą niedzielę pracowałem przez dobę jako lekarz pierwszego kontaktu w nocnej i świątecznej opiece lekarskiej. Po tych „wakacjach" policzyłem godziny spędzone w pracy. Wyszło, że miesięcznie pracowałem 435 godzin.

Szacuje się, że w Polsce brakuje połowy lekarzy, by obsadzić wszystkie etaty i dyżury z poszanowaniem prawa pracy narzuconym przez UE – lekarz nie powinien pracować więcej niż czterdzieści osiem godzin w tygodniu. Od dziesięciu lat lekarze podpisują klauzulę opt-out, w której zrzekają się swojego prawa do odpoczynku: jedenaście godzin po przepracowanych dwudziestu czterech godzinach oraz dwudziestoczterogodzinnej jednorazowej w tygodniu przerwy w pracy. Uznano, że jest to sposób na obejście prawa przez okres „przejściowy", kiedy liczba lekarzy w Polsce ma się zwiększyć. Jak wiemy jednak ze statystyk, liczba lekarzy się nie zwiększa nawet mimo systematycznego wzrostu naboru na kierunek lekarski.

Pozdrawiam Cię serdecznie

K.

LIST O UMIERANIU

Szanowny Panie Redaktorze,

jestem trzydziestosześcioletnim chirurgiem dziecięcym po skończonej specjalizacji, kobietą, robię doktorat i pracuję w szpitalu klinicznym. Jestem po dwóch dyżurach z rzędu i ze zmęczenia kręci mi się w głowie. Ponieważ w szpitalu dostaję 35 złotych na rękę za godzinę, musiałam zacząć pracować w pogotowiu. Spłacam kredyt na dwupokojowe mieszkanie w starym bloku już od ośmiu lat. Pewnego dnia, gdy za pięć dyżurów w szpitalu, za operowanie po nocy, za użeranie się z niewdzięcznymi rodzicami dostałam 3500 złotych, powiedziałam dość i zaczęłam pracę w pogotowiu. Pracę dla ćpunów, przewrażliwionych babć i porażonych „prądem" ze swetra.

Z tym swetrem to nie żart! Ostatnio pojechałam karetką „S" do takiego właśnie wezwania. Dyspozytor je przyjął, bo każdy boi się odmówić. Tak więc biorę w szpitalu urlop i jeżdżę w karetce, żebym miała poczucie, że te wszystkie lata nauki nie poszły na marne.

Tak, przyznaję, zarabiam około 10 tysięcy na rękę od roku, ale to oznacza minimum trzynaście dyżurów w miesiącu. Mam nadpłatę za wodę i ogrzewanie, bo tak rzadko bywam w mieszkaniu. Ale nie żałuję, bo wcześniej zdarzało się, że nie miałam co jeść i płaciłam ostatnimi pieniędzmi z puszki na drobne. Przez osiem lat jeździłam starym renault megane z 1999 roku. Kiedyś usłyszałam, że pewnie nie biorę łapówek, że takim gruchotem jeżdżę. Teraz mogłam wziąć w leasing nowe auto. Nie mam męża ani dzieci, bo nie wiedziałam, czy dam radę finansowo. Uważam, że lekarze powinni dużo zarabiać po to, żeby pacjenci nie traktowali ich jak śmieci. Wie Pan, co czuję, kiedy wchodzę na salę, a osiemnastoletni, wydziarany ojciec żuje gumę i nawet nie wstanie, kiedy robię wizytę? A przecież ja operowałam jego dziecko przez kilka godzin. Mam wtedy ochotę mu przylać, ale tego dzieciaka mi żal. I mówię tylko, żeby wstał, bo się czuję nieswojo, jak mam jego twarz na wysokości mojego krocza.

Kiedy wracam z dyżuru, na którym umiera dziecko, odechciewa mi się żyć. I zastanawiam się, czy mogłam zrobić coś więcej. Mam nadzieję, że po Pana artykule to durne społeczeństwo przejrzy na oczy. Ja nie potrzebuję pieniędzy, żeby mieć schody za 100 tysięcy, ale żeby szanowano mnie, moje zaangażowanie, bo tak naprawdę nie muszę, a często staję na głowie dla tych dzieci, żebym ja siebie szanowała, żebym mogła mieć wolny weekend zamiast leczyć delirki w melinach.

Pozdrawiam
Marta

LIST O PRZYSTOSOWANIU

Szanowny Panie,

jestem rezydentem, realizuję specjalizację z chorób wewnętrznych. Dyżuruję ze starszym kolegą – specjalistą. Pod opieką mamy cztery oddziały – w sumie około stu pacjentów: oddziały chorób wewnętrznych, onkologii klinicznej, gastrologii, endokrynologii. Zabezpieczamy dyżurowo też oddział dermatologii – po południu nie ma tam lekarza, a jako że pacjenci tam zwykle są mało wymagający, to dyrekcja stwierdziła, że nie będzie to dla nas różnica – jedynie dwudziestu kolejnych pacjentów. Poza ogromną liczbą pacjentów jest jeszcze zwykły problem logistyczny – oddziały są w różnych częściach szpitala, żeby dojść z jednego na drugi, potrzeba kilku minut. A czasami dzieje się coś w tym samym czasie, wtedy przydają się wygodne buty i dobra kondycja – pozostaje bieg. Ponadto kierownik dyżuru konsultuje internistycznie oddziały zabiegowe szpitala.

W trakcie dyżuru jest zwykle cztery–pięć przyjęć na oddziały „na ostro" z SOR-u – każde przyjęcie zajmuje minimum godzinę – trzeba porozmawiać, zbadać, przeanalizować wyniki, rozpisać leczenie, zlecić badania no i oczywiście crème de la crème – uzupełnić mnóstwo ankiet, formularzy, zgód itp.

„Dokumentacja jest najważniejsza" – wszyscy starsi koledzy radzą: bez niej nie wybronisz się przed prokuratorem, a o nim musisz zawsze myśleć, patrzy ci zza pleców.

Pacjenci szczególnie wymagający – zwykle profil geriatryczno-paliatywny – powyżej siedemdziesięciu–osiemdziesięciu lat, z wieloma obciążeniami, niepełnosprawnością, do pełnej pielęgnacji pielęgniarskiej.

Często stany ciężkie, do monitorowania, tak właściwie to powinni leżeć na oddziale intensywnej terapii, ale w całym województwie brak miejsc, więc leżą u nas. Po południu albo w weekendy zazwyczaj pojawiają się rodziny pacjentów – przychodzą do szpitala po pracy i chcą się dowiedzieć o swoich bliskich, zapytać o rokowanie, dalsze plany. Z jednej strony ich rozumiem – dobrze, że się troszczą, z drugiej strony nie jest możliwe, żebym znał każdego pacjenta z tych stu dwudziestu i potrafił odpowiedzieć na pytania rodziny... Nie ma na to czasu – przyjęcia na oddział, interwencje, uzupełnienie dokumentacji – to wszystko zajmuje czas. Inna sprawa, że rodziny są coraz bardziej roszczeniowe, nie przyjmują odmowy, krzyczą, wyzywają, piszą skargi, grożą wezwaniem mediów itp.

Pielęgniarek na oddziale coraz mniej – oszczędności i brak chętnych do tak ciężkiej pracy. W związku z tym na oddziale czasami jest bałagan, pacjenci bez odpowiedniej opieki, zlecenia niezrealizowane.

Na ostatnim dyżurze żadna pielęgniarka nie miała ważnego kursu z krwiolecznictwa ani elektrokardiografii – EKG musiałem robić pacjentom sam, podobnie krew samemu podłączyć i wpisać wszystko do księgi transfuzyjnej – mnie nikt o kurs nie pyta, a krew pacjentowi potrzebna na już, na ratunek życia...

Gdy poruszamy te problemy na odprawach, słyszymy, że kiedyś było gorzej, że u góry wiedzą, jak jest, i pracują nad tym, ale efektów jakoś nie widać...

I tak mija dyżur, potem następny, kolejny, i po pewnym czasie już nic cię nie jest w stanie zdziwić, dostosowujesz się. Jak odejdziesz albo się zbuntujesz, to pogorszysz sytuację tych, co zostaną – będzie więcej dyżurów do podziału. A i tak już teraz grafik dyżurowy ledwo co się dopina.

Ale nie ma co narzekać, wszędzie lepiej niż na SOR-ze...

Pozdrawiam
Paweł

LIST O STRACHU

Szanowny Panie,

jestem rezydentem na ostatnim roku specjalizacji. Jak wygląda moja praca?

Kiepsko... Na początku specjalizacji na dyżurach było po dwóch dyżurnych (specjalista i rezydent). Po sześciu miesiącach mojej specjalizacji dyrekcja zaczęła szukać redukcji w kosztach, padło na rezydentów – zaczęliśmy dyżurować pojedynczo na oddziale zabiegowym z tzw. specjalistą pod telefonem. Z tym pod telefonem niestety bywa różnie. Bo zwykle w tym samym czasie, kiedy specjalista obstawia nas pod telefonem, pracuje na dyżurze w innym mieście, często dalekim.

Mój dyżur... Przyjęcia planowe (zwykle pięć–sześć osób: wywiad, badanie przedmiotowe, plan opieki, zgoda na zabieg, zlecenia dla pielęgniarek), konsultacje na innych oddziałach (około sześciu w trakcie dyżuru), konsultacje na SOR-ze (w trakcie spokojnego dyżuru – około pięciu, w trakcie cięższego – dwanaście–piętnaście konsultacji), zabiegi operacyjne (zwykle dwa–trzy podczas dyżuru).

Od godziny piętnastej rezydent jest sam na dyżurze. Jak ma konsultacje czy zabieg, to musi opuścić oddział, pacjenci zostają sami. Często są to chorzy w ciężkim stanie. Zdarzało się kilka razy, że rezydent jest na bloku operacyjnym, a na sali pooperacyjnej jego oddziału dochodzi u pacjenta do zatrzymania krążenia. Co się wtedy dzieje? Pielęgniarka dzwoni na blok i informuje rezydenta o sytuacji. Ale czy on ma wtedy przerwać zabieg, lecieć na górę i reanimować?

Nie da się jednocześnie być w dwóch miejscach naraz – na bloku i na oddziale. W takich sytuacjach wysyłany jest anestezjolog i zaczyna reanimację. Tak być nie powinno... Wyobraża pan sobie sytuację, w której rezydent po pół roku pracy zostaje sam na oddziale zabiegowym i dyżuruje? Sam podejmuje decyzje. Sam operuje. Poziom stresu – gigantyczny – nie trzeba bawić się w sporty ekstremalne, wystarczy jeden dyżur i adrenalina zapewniona.

Czy odpoczywam na dyżurze? Nie ma kiedy... Często nie ma czasu na jedzenie, picie, toaletę...

Zarobki? Rezydentura: 2400 złotych plus dyżury (10 złotych za godzinę netto – taką mamy stawkę w szpitalu). Dyżur zaczyna się od 15.00, ale tak naprawdę dyżurujemy od 7.25. Między 7.25 a 15.00 płacą rezydenturą. Od 15.00 do 22.00 – 10 złotych netto na godzinę, od 22.00 do 6.00 – 20 złotych netto za godzinę, od 6.00 do 7.25 – 10 złotych za godzinę. Czy po dyżurze idziemy do domu odpocząć – nie. W grafiku schodzimy – to teoretycznie dzień wolny (czyli mamy na minusie 7 godzin i 35 minut, bo nie byliśmy w pracy, więc jest obcięta kasa z rezydentury). W praktyce zostajemy do 10.00, 11.00, czasem do 12.00. Dlaczego? Okrojony skład personelu, bo szef będzie niezadowolony, bo trzeba wypis zrobić, bo na dyżurze nie było czasu, żeby dokumentację uzupełnić... Dużo jest powodów.

Co z klauzulą opt-out na pracę ponad czterdzieści osiem godzin w tygodniu? W teorii podpisanie i odstąpienie od klauzuli jest dobrowolne. W praktyce – mi szef kazał podpisać. Zaraz po rozpoczęciu pracy padło hasło: „Masz zejść do kadr i podpisać opt-out, inaczej będziesz mieć ciężko na oddziale". Kolega, który na rok przed ukończeniem rezydentury wystąpił z klauzuli opt-out, od trzech lat nie może zdać egzaminu specjalizacyjnego.

Czy są możliwości dorobienia? Tak, poradnie POZ, nocna pomoc doraźna, karetka – płacą od 45 złotych brutto do 100 złotych brutto – zależy gdzie. Znam rekordzistę, który pracował osiem dni z rzędu. Mój rekord to siedemdziesiąt dwie godziny. Nie z chęci zysku – kolega się rozchorował, trzeba było go zastąpić na oddziale. W grafiku czasu pracy nie było korekty, ale po cichu dostało się dodatkowo jeden wolny dzień... Urlopu nie mam od roku, bo nie ma kto dyżurować... L4 – nie można chorować, do tego prawa nie mamy. Kilka razy zdarzyło mi się dyżurować z gorączką, zapaleniem płuc, zakażaniem rotawirusowym. Kroplówka i zapier...

Najbardziej przykre jest to, że ludzie patrzą na nas jak na dorobkiewiczów, zaglądają nam do kieszeni. Często nie rozumieją, że nie ma rąk do pracy, bo szpital nie chce płacić specjaliście, który stawia warunki. Dyrektor mojego szpitala woli rezydenta – tanią siłę roboczą, zapchajdziurę. Rezydent ma dodatkowe zalety – nie kłóci się i nic nie powie, bo ma na głowie egzamin specjalizacyjny do zdania. Mogę chodzić po POZ i dorabiać po godzinach, ale co z odpoczynkiem, rodziną? Tak na dłuższą metę nie da się żyć.

Czego się boję? Boję się, że w tym całym natłoku papierów do uzupełnienia, pracy, dodatkowych obowiązków, ciągłego zmęczenia i narastającej frustracji na samym końcu jest pacjent... Boję się, że kiedyś ze zmęczenia popełnię błąd.

Nie tego uczono nas na studiach. Nie tak to powinno wyglądać...

Najgorsze jest to, że nic się nie zmienia....

Pozdrawiam
Bartek

LIST O SYSTEMIE

Szanowny Panie,

jestem rezydentem piątego roku na oddziale neurologii. W naszym szpitalu za pomysłem dyrektora od dobrych kilku lat pracujemy w tzw. „systemie zrównoważonego czasu pracy". Oznacza to tyle, że godziny dyżurowe wliczone są w godziny etatu.

Dla dyrekcji było to perpetuum mobile, ponieważ większość lekarzy specjalistów, nie chcąc dyżurować w sumie za darmo, zredukowała swoje etaty do 1/2, 1/3, 1/4. Jedynymi pracownikami zatrudnionymi na cały etat są rezydenci. Szpitalowi to się opłaca. Bo pensje specjalistów płacone są z budżetu szpitala. Natomiast pensje rezydentów płacone są z budżetu państwa. Dyrektor ma więc pracowników za darmo.

W praktyce natomiast wygląda to w ten sposób, że rezydenci są zmuszani przez dyrektora (oczywiście na tzw. gębę, dyrektor ma swoich prawników i wie, że gróźb i takich poleceń nie można składać na piśmie) do obsadzania większości dyżurów w szpitalu, które pełnią całkowicie samodzielnie.

Samodzielnie, czyli bez nadzoru specjalisty, z wyjątkiem specjalizacji zabiegowych, gdzie ustawowo musi na dyżurze być specjalista. Takie dyżury samodzielne zacząłem pełnić po sześciu miesiącach pracy, bardzo często dochodziło do sytuacji, że w izbie przyjęć, na pulmonologii, gastrologii, laryngologii, radiologii, okulistyce równocześnie dyżurowali sami rezydenci z mojego roku studenckiego z kilkumiesięcznym doświadczeniem, zostawieni sami sobie.

Ponadto w charakterystyce specjalizacji z neurologii wpisane są bardzo liczne konsultacje w izbie przyjęć (zwłaszcza gdy dyżurują tam równie niedoświadczeni lekarze). W wielu szpitalach stara się o zatrudnienie dodatkowego neurologa tylko do konsultacji w izbie przyjęć czy na SOR-ach, zaś drugi pozostaje w oddziale. Niestety nie u nas, pomimo wielokrotnych próśb dyrekcja zawsze odmawiała.

Z tego powodu w trakcie dyżuru często więcej czasu poświęcam na konsultacje w izbie przyjęć niż na opiekę nad pacjentami hospitalizowanymi w naszym oddziale neurologii (gdzie leży średnio czterdziestu–pięćdziesięciu pieciu pacjentów, korytarz prawie zawsze pełny). Do tego dochodzą konsultacje w innych oddziałach w całym szpitalu. Będąc w izbie przyjęć czy w innych oddziałach, pacjenci z naszej kliniki pozostają bez opieki lekarskiej.

Niejednokrotnie zdarzało się, że pielęgniarki obdzwaniały cały szpital w poszukiwaniu dyżurnego, bo jakiś pacjent się zatrzymał i trzeba było biec na reanimację (sam też miałem takie sytuacje). Nie muszę tłumaczyć, że taki system jest zagrożeniem dla bezpieczeństwa pacjentów.

W ostatnich latach zaczęło brakować rezydentów i część szpitali podniosła stawki dyżurowe. To spowodowało, że rezydenci coraz rzadziej zaczęli wybierać nasz szpital do robienia specjalizacji. W konsekwencji powstały duże braki kadrowe i doszło do takiej sytuacji, że obecnie od półtora roku jestem zmuszony do wyrabiania na dyżurach całego etatu (czternaście dyżurów po dwanaście godzin), przez co w ogóle nie uczestniczę w prowadzeniu pacjentów w normalnych godzinach pracy i nie mogę de facto realizować programu specjalizacji. Samodzielne dyżury u nas, jako że jesteśmy głównym szpitalem w centrum Łodzi, są bardzo wyczerpujące i nawet jeśli zdarzy się przespać trzy, cztery godziny, to są one przerywane telefonami z oddziału lub izby przyjęć, więc nie jest to efektywny sen. Jest to etat rezydencki, a więc zarabiamy 3200 złotych brutto, a wiadomo, że staramy się w takim razie dorabiać również w innych miejscach.

Szpital jest uniwersytecką kliniką, więc wielokrotnie nasz ordynator, jego zastępca oraz sami pracownicy informowaliśmy o tym władze uczelni, niestety nie otrzymywaliśmy żadnych odpowiedzi.

Wręcz przeciwnie, narastający konflikt doprowadził do odwołania naszego ordynatora po dwudziestu dwóch latach szefowania kliniką pod pretekstem (a jakże, przekazanym jedynie ustnie) konfliktu z dyrekcją szpitala.

Pozdrawiam
Jerzy

CZĘŚĆ V
EPILOG

Rozdział XIV
Ostatni dyżur

NOTATKA Z AMBULANSU

Wróciliśmy na bazę. Marzyliśmy, żeby Piotrek zasnął i choć na jedną noc zapomniał, że żona go zdradza i że w związku z tym chce się zabić.

Szybko kładziemy się, gasimy światło.

Pytam, czy praca w pogotowiu zmienia, robi mniej czułymi. Odzywa się jeden z ratowników. Mówi cichym, beznamiętnym głosem:

– To było wczoraj. Ojciec mówi do mnie: „Synku, boli mnie".

Skarży się takim cichym piskliwym głosem. Ma kolkę nerkową, wiem dobrze, że go boli, ale i tak pytam:

– Aha, boli cię?

– No, boli.

– Nie wytrzymasz?

– Już nie mogę.

Zjebany jestem po dyżurze taki. Leżę na kanapie. Nie mam ochoty się ruszać. A można by mu coś dać albo zrobić zastrzyk.

On już nic nie mówi. Tylko patrzy. Aż siny z tego bólu. Twarz stężała. Znam go od zawsze. Przecież nigdy w życiu nie narzekał. Nawet jak sobie piłą prawie odciął palec. Więc teraz musi go napierdalać. Zresztą widzę, że go napierdala. Mój, kurwa, ojciec! A ja leżę na tej kanapie. Kurwa, myślę, co się ze mną porobiło w tej robocie?

– Może ketanol weź, co? – mówię, ale się nie ruszam...

„Dong – dong, dong – dong, dong – dong". Na całą pakamerę. To dźwięk, że mamy wezwanie.

Marcin czyta informację z tabletu i wiadomo, że nie żadna „sraczka", tylko poważna sprawa. Kobieta, zatrzymanie krążenia, wiek nieznany, znany adres.

Marcin: – Zapierdalamy. Zapierdalamy, bo się kobieta zawinie.

Ubieranie trwa tylko sekundy. Rozumiem, jak bardzo zespół jest wyćwiczony. Od tej pory pada bardzo mało słów. Po drodze pojawia się słowo by-passy – miała robione w zeszły miesiącu. Czyli serce, czyli pewnie zawał. Po drodze zmienia się też adres. Nie ten, co nam podawali na początku, ale inny, w pobliżu. Dyspozytornia wszystko pochrzaniła. Babcia wiek nieznany okazuje się dziadkiem wiek sześćdziesiąt cztery lata. Serce, by-passy i zatrzymanie krążenia obowiązuje nadal. Jesteśmy przed wiejskim domkiem.

– Co bierzemy?

– Wszystko.

Zasuwamy przez ogródek obładowani sprzętem jak wyprawa w Himalaje: defibrylator, żeby dziadka strzelić prądem, respirator, żeby za niego oddychał, lucasa, żeby zastąpił nas w robieniu masażu serca, jak już popadamy na pyski, oraz wielki plecak ratowniczy, wszechstronny, ze wszystkim, wersja maks. Wyjadą też nosze.

Karetka wygląda łyso. Jak po ataku piratów.

Pacjent ma na imię Janek, leży w pokoju. Reanimuje go syn strażak. Oczy wielkie: – Coś tam ojcu chrupnęło w klatce.

A, chrupnęło, chrupnęło jak diabli! Musiałeś, bracie strażaku, połamać swojemu tacie kilka żeber.

Marcin: – To nic, dobra robota, chłopie. A teraz się odsuwasz.

Strażak karnie i z ulgą: – Tak jest.

Teraz my. Strażak z bratem wypad do drugiego pokoju. Matka-żona leży u nóg półtrupa:

– Janek, nie umieraj!

Strażak strofuje ją przez łzy: – Kurwa, uspokój się, matka.

Zespół niemal ze sobą nie rozmawia. Tylko Marcin wydaje komendy:

– Defibrylator ty.

– Ty trzydzieści ucisków, ostatnie dziesięć liczysz głośno.

Zastanawiam się, z czym mi się to wszystko kojarzy.

Chyba najbardziej z łódką przy silnym wietrze. Zawsze jak zawieje, wszystko się zmienia. Często wulgarne, często cyniczne chłopaki stają się w jednej chwili profesjonalistami. Każdy wie, co ma robić. Każdy wie, kto jest kapitanem. Komendy, odpowiedzi, poza tym cisza. Gdy wiatr cichnie, wszystko w jednej chwili wraca do anarchistycznej normy.

W pokoju Janka jest dokładnie tak samo.

Raz – dwa – trzy – cztery... O, jak chrupie – bo połamał strażak ojca! ... sześć – siedem – osiem... Janek zimny. No, kurwa, trup... dziewięć... dziesięć... i matka: „Nie umieraj, nie umieraj". „Kurwa, matka, cicho"... trzy... cztery... Patrzę na Janka. Zmienił się w kawałek bezwładnego mięsa. Musiał być chyba dobrym mężem i ojcem. Strażak, siostra, matka wszyscy mają łzy w oczach. Janek siny. Język wyszedł mu na wierzch. Oczy półprzymknięte, źrenice szeroko ... siedem... osiem... dziewięć... chłód trupi od niego bije. Jakbym dotykał udka z kurczaka supermarketu, a nie człowieka. I te opuszczone do połowy portki. Dlaczego trupy i półtrupy mają zawsze opuszczone portki? Na majtkach koloru ciemnoniebieskiego zawsze pojawia się jakaś kropelka. Mocz? Organizm Janka zaczyna puszczać?.... pięć... sześć (to już liczenie głośne)... siedem... osiem... dziewięć... dzie-sięć! Dziesięć musi być głośne, dobitne, żeby Marcin słyszał...

* * *

Ratowanie życia jest pełne gwałtownej siły. Brutalne. Łamiące żebra i konwenanse. Nieznoszące ograniczeń. Ratując życie, nie musisz liczyć się z niczym. Jesteś jak nadczłowiek, bohater. Przypomina mi się wiersz. Naciskam w rytmie futurystycznego manifestu.

Mróz trzaskający.
Zima –
Niczego.
A bluzy się lepią
Od potu.
W bluzach komuniści.
Ładują drzewo.
Czas:
Popołudnie.
Sobota.
My nie odejdziem,
Choć odejść możem
i nikt
do pracy
nie goni.
Nasze my drzewo

Na naszym torze
Ładujemy na nasze wagony.
Do późna
Dziś nam
Pracować potrzeba,
Choć
Wolno
Odejść i zaraz nam
Naszym towarzyszom
Naszego drzewa
Trzask
Towarzysze marzną.

Przy uciskaniu klatki Janka włącza mi się poeta Majakowski. Przerywany defibrylacją.

* * *

Marcin: – Odsuwamy się. Uwaga, będzie defibrylacja.

Prąd poszedł! Jeb! Janka rzuca. Teraz jest taki samotny na podłodze. Znów kojarzy mi się z kurczakiem, bo ręce opadają mu na boki jak skrzydła.

Znów akcja. Serce Janka zostało zatrzymane przy pomocy prądu. Reset! Teraz... trzy... cztery... pięć... będziemy uciskami starali się przywrócić mu właściwy rytm.

Szukamy żyły, żeby mu podać adrenalinę. Wbijamy się w szyję. To jeszcze bardziej Janka oddczłowiecza. I jeszcze kolor – jest siny. Ludzie nie mają takiego koloru. Wygląda jak Marsjanin. Intubacja, czyli rura w gębę Janka. Aparat już za niego oddycha. Twarz z tym językiem na wierzchu jest groteskowa.

Marcin: – Adrenalina.

Znów zbliżamy się do głośnego dzie-sięć!

Marcin: – Uwaga, odsunąć się, będzie defibrylacja. Defibrylacja.

Strzał. Janek znów jak kurczak. Żadnego znaku życia, tylko plama na siusiaku się powiększa. Do pasa jest już goły. Sweterek został przecięty nożyczkami.

EKG podłączone. Krzywa kreseczka udokumentuje naszą walkę o Janka. Najpierw będzie gęściutka od rachitycznych fal. Serce Janka wtedy stało. Maszyna zarejestrowała migotanie komór. Czyli chciało działać, ale nie mogło z powodu zatkanego naczynia, czyli zawału. Maszyna widzi wszystko. Masaż, strzał, masaż i znów beznadziejne migotanie.

Znowu zbliżamy się do strzału... siedem... osiem...

– Jezu, Jezu, Janek!

Znów strażak: – Matka, uspokój się, kurwa!

Janek już jest podpięty do lucasa. Dobrze, bo ręce odpadają od tego uciskania. Lucas fajna maszyna, uciska klatkę za nas.

Na wykresie EKG widać, że po trzecim strzale serce Janka na chwilę podjęło pracę i znów stanęło.

Za czwartym wpadło w jakiś dziwny rytm.

– Aha – Marcin wydał z siebie pierwszy dźwięk, który nie był poleceniem. To mogło oznaczać, że Janek jednak ma szansę.

– Zobacz puls na szyjnej. Czujesz?

Co czujesz? Co czujesz Janek – zimny trup. Nagle jego klatka unosi się sama.

– Kurwa, patrz!

– A co?

– Jakby oddychał!

– Co ty, maszyna.

– Marcin! Nie, nie, widziałem. No sam patrz!

Janek próbuje sam nabrać powietrza.

Marcin mówi: – No! Chce chłop żyć. Zawał.

Maszyna analizuje elektrokardiogram i pisze małymi literkami, potwierdzając diagnozę Marcina: – Zawał.

Zapis EKG przez telefon komórkowy frunie do dyżurnego kardiologa: – Zawał, panowie.

Nosze. Zasuwamy do szpitala. Tam lekarze przygotowują się do operacji. Będą starali się odetkać zatkane naczynie krwionośne. Z naszymi noszami i Jankiem wjedziemy wprost na stół. Najważniejsze, żeby nam Janek nie fiknął w karetce.

Dlatego jedziemy jak opętani. Przez telefon każą nam podać heparynę, lek na obniżenie krzepliwości krwi, żeby się Janek „nie zatkał do końca".

Karetka – pobojowisko. Sprzęt wybebeszony. Walają się puste opakowania po strzykawkach. Rafałek robi zastrzyk na obniżenie krzepliwości.

Świat na bombach, po zmroku, jest inny. Odsłaniają się kolejne fragmenty krajobrazu. Nagie drzewa, smutne liche domki, pokrzywione płoty, cmentarne krzyże. Generalnie jest tu bardzo brzydko, ale niebieskie światło dodaje niesamowitości. Szaleńcza jazda przez zombieland. I jeszcze ten tutaj. Pan Janek – kiedyś głowa rodziny, mąż, ojciec. Teraz nieszczęsny półtrup.

– Ty? – Rafałek na chwilę przestaje interesować się pacjentem. – A jak to wygląda z twojego punktu widzenia?

– Niby co?

– No, niby ta rozpierducha.

Myślę, co mu odpowiedzieć.

Rozpierducha – to słowo jest odpowiednie. Zaraz przypomina mi się pokój, w którym zastaliśmy pana Janka, już po naszej akcji. Wszędzie sprzęt, strzykawki, opakowania po igłach. Zespół ratunkowy produkuje mnóstwo śmieci.

Janek dotarł na stół na czas. My wracamy na bazę. Ciągle na adrenalinie. Tradycyjnie, jak uratujemy człowieka, Marcin puszcza na cały regulator szantę. Szanta jest wulgarna do granic wytrzymałości: „Znałem raz jednego majtka, co nie ruchał przez rok cały i jak wsadził w dupę rybie, to jej wyszyły gały".

Uchylamy szyby, żeby całe miasto słyszało, jak bawi się pogotowie: „Znałem kiedyś kapitana, wielki był miłośnik sportu, stawiał żagle na fujarze i wychodził z portu".

To jakiś eskapizm. Lek na zbyt bliskie spotkanie ze śmiercią. I chęć pokazania światu, że jesteśmy bohaterami, bo przecież uratowaliśmy ludzkie istnienie. Chyba dlatego uchylamy szyby. Świata to nic nie obchodzi. Ważne jest tylko to, żebyśmy wrócili na bazę i nie wyłączali telefonu.

A jak nas ktoś zatrzyma i zapyta: – Co wy, czubki, odpieprzacie po nocy?

Powiemy, że przed chwilą uratowaliśmy człowieka i że możemy mu przywalić. Tyle jest w nas dumy i złości.

Spis treści